古典文獻研究輯刊

三二編

潘美月・杜潔祥 主編

第 37 冊

散見宋金元墓誌地券輯錄

周 峰 著

國家圖書館出版品預行編目資料

散見宋金元墓誌地券輯錄／周峰 著 -- 初版 -- 新北市：花木
蘭文化事業有限公司，2021〔民 110〕
目 6+184 面；19×26 公分
（古典文獻研究輯刊 三二編；第 37 冊）
ISBN 978-986-518-418-6（精裝）
1. 喪葬習俗 2. 中國
011.08   110000622

ISBN-978-986-518-418-6

古典文獻研究輯刊
三二編 第三七冊   ISBN：978-986-518-418-6

散見宋金元墓誌地券輯錄

作　　　者　周　峰
主　　　編　潘美月、杜潔祥
總　編　輯　杜潔祥
副總編輯　楊嘉樂
編　　　輯　許郁翎、張雅淋　美術編輯　陳逸婷
出　　　版　花木蘭文化事業有限公司
發　行　人　高小娟
聯絡地址　235 新北市中和區中安街七二號十三樓
　　　　　　電話：02-2923-1455／傳真：02-2923-1452
網　　　址　http://www.huamulan.tw 信箱 service@huamulans.com
印　　　刷　普羅文化出版廣告事業
初　　　版　2021 年 3 月
全書字數　35220 字
定　　　價　三二編 47 冊（精裝）台幣 120,000 元　　版權所有・請勿翻印

散見宋金元墓誌地券輯錄

周峰　著

作者簡介

周峰，男，漢族，1972 年生，河北省安新縣人。中國社會科學院民族學與人類學研究所研究員，歷史學博士，博士生導師。主要從事遼金史、西夏學的研究。出版《完顏亮評傳》《21 世紀遼金史論著目錄（2001 ～ 2010 年）》《西夏文〈亥年新法・第三〉譯釋與研究》《奚族史略》《遼金史論稿》《五代遼宋西夏金邊政史》等著作 13 部（含合著），發表論文 90 多篇。

提　　要

　　本書共收錄宋金元三代的墓誌、地券 100 種，其中宋代 62 種，金代 7 種，元代 31 種。每種墓誌地券內容包括兩部分：拓本或照片、錄文。拓本及照片絕大部分來源於網路，絕大部分沒有公開發表過。墓主大部分為不見經傳的普通百姓，為我們瞭解宋金元時期民眾的生活提供了第一手的寶貴資料。

目次

凡　例

一、本書所收宋金元三代的墓誌、地券的拓本及照片絕大部分來源於網路，
　　絕大部分沒有公開發表過。

二、本書內容包括墓誌地券拓本或照片、墓誌地券錄文。

三、所收墓誌地券皆另行命名，以避免原題繁瑣缺名的情況。墓誌地券原題
　　皆在錄文中出現。

四、錄文採用通行繁體字，對於字庫中有的繁體字異體字徑直採用，字庫中
　　沒有的繁體字異體字則不再另行造字，徑用通行繁體字。墓誌中現在通
　　行的簡體字徑用原字。個別俗字一律改為正體。筆劃上略有增減的別字
　　一律改為正體。

五、原字不全，但能辨明者，在該字外加框。殘缺不識者，用缺字符號□代
　　替。錄文每行後用分行符號／表示換行，文尾不再用分行符號。

六、墓誌地券原來的行文格式不再保留，徑用現行文章體例。

七、墓誌地券排列順序以墓主卒葬日或刻石日前後為序。

散見宋金元墓誌地券輯錄

一、宋呂府軍地券　天禧四年（1020）十二月八日

維大宋国天禧四年歲次庚申／十二月丁丑朔月八日甲申，疑於／寧州界開城廂呂氏府軍，今／就正北偏西一神壬地，今將五色信幣、／金銀錢財九千九百九十餘貫，遂就黃／天父、后土母、社稷主邊買穴一所。長一十／伍步，闊一十步。東至青龍，南至朱雀，西至白虎，／北至玄武。上至青天，下至黃泉。／內方勾陳，分掌成邑。即日，錢分付與天地／神明了足。地內先有居者，永遷萬里。故／去邪精若當其禍，地府主里。亡者安寧，／後人常向福吉利。急急如律令。勑。／

知見人歲月，保人東王公西王母，書契人石玏曹。

二、宋傅十七郎地券　天聖三年（1025）十一月七日

維天聖三年歲次乙丑十一月己卯／朔七日乙酉，臨江軍新淦縣斷金鄉／進賢里櫟下保歿故亡人傅十七郎，行年／二十五歲。生居閻浮，死安宅兆。於今年正／月二十六日歿故，龜筮叶從，相地襲吉，宜／抬本里當保土名吉坑東艮山庚向，安厝／宅兆。謹用錢禾香酒、五色綵信等，就此社令／主邊買得地一段，與亡人造作山宅。東止甲乙／青龍，南止丙丁朱雀，西止庚辛白虎，北止／壬癸玄武。內方勾陳，分掌四域。丘承墓伯，封／畔界畔。道路將軍，齊整阡陌。千秋萬歲，永／無殃咎。若干犯阿奪之者，將軍亭長收付／河伯。今以牲牢酒飰，其味香信，共為信幣／財地，各相交付訖。工匠修塋安厝已後，永保元／吉。知見人歲月主者，保見人今日直符者。／

誰為書，水中魚。魚何在，／入深泉。誰為讀，山中鹿。／鹿何在，上高山。故氣邪精不得／干侯。若有居者，永避万里。如違此約，地府主吏自當其禍。／

主人內外存亡，安樂永保。急急如五帝直符律令。

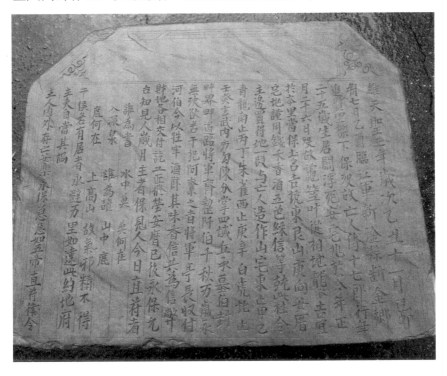

三、宋王忠之父地券　慶曆四年（1044）十二月三日

　　慶曆四年歲次甲申十二月／三日，今有鎮戎軍人戶王忠為／亡父，今用錢万万九千九百九十九文。就／此皇天父、后土母、社稷十二邊買得前□／墓田，周流一傾。東至青龍，西至白虎，／南至朱雀，北至玄武。上至倉天，下至／黃泉。四至分明，即日錢才分付與天地／神明了。保人張堅固、李定度。知見／人東王公、西王母。書契人石公曹。讀／契人金主薄。急急如律令。攝。

四、宋劉再思墓誌　慶曆八年（1048）十月八日

宋中山劉君墓誌／

姪都官貟外郎齊書。／

劉君諱再思，性聰悟。少時家居，晝／寢室中。家人見一物出入其鼻口，／駭而皷呼其名。既悟，了不自知，恍／惚若狂人，自尔不常。其起居語默，／無喜怒之節。然時或先事言失得，／驗若符契。嘗語於家曰：「我即死，兄／當繼歿。」閣門惡其言。至道三年五／月十一日，卒于京師。時兄領衛典／兵戍邊，後一月而逝。吁！可異也。娶／鄭氏，生一男二女，早亡。以慶曆八／年十月八日從葬于北邙之原，其世系文于考墓。河南王復誌。

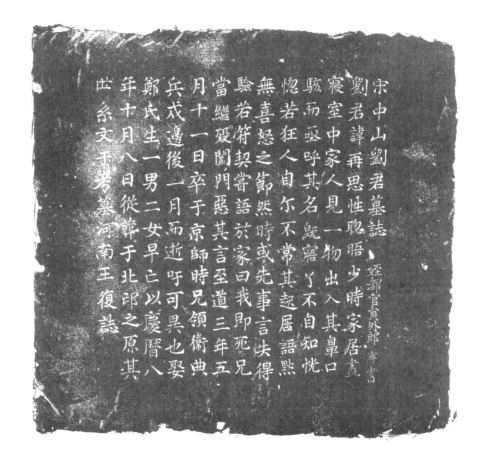

五、宋申秀墓誌　　嘉祐五年（1060）十一月十九日

額篆書三行：宋故申君墓誌

宋故魏郡申君墓誌銘并序 /

君諱秀，字實之，其先潞之潞城人也。家于天宮，世以耕桑為業。皇考諱凝，/ 妣桑氏。君形豐姿美，性純識明。事父母極于孝，常憾處其東皋，所有以奉 / 父母者，春韭冬菁而已。乃亟謀徙居上黨，變農從桑。能辨百貨之良窳，善察 / 取息之根源。以勤以苦，而人得其百，而君得其千。不十數年間，驟立貲產，/ 數倍于父祖之時。自是，日以時果異味饋于父母。既其晚年，考妣継歿，仍 / 日游佛宇，屢延緇黃，誦浮圖氏書，手不釋卷，四時致奠，明發不寐，備極精潔。/ 終其身，忽忽憶慕，不輟奉親追養，頗得其宜，斯不亦謂之純厚篤孝者乎！/ 君于元豐六年歲次癸亥季秋二十六，遘疾眠榻，百方治療，終不能愈，遂卒 / 于私弟之正寢，享壽七十而已。君始娶苗氏，事上撫下，以孝以慈。嘉祐五年 / 四月二十一日，壽四十而卒。継娶曰趙氏，性賢淑，撫育苗之所出，不異 / 己生，斯亦人之所難也。有子男三人：孟懷潤，娶張氏；仲懷琪，娶李氏；季削髮 / 披緇于延慶禪院，法號奉願，承父志也。有子壻二人：曰苗榮；曰張景初。有孫 / 男二人：曰翁喜；福興。有孫女一人，曰一娘。趙氏與諸子謀，詣日者卜蓍龜，以 / 是年十一月壬寅朔十九日庚申，舉葬君之考妣于郡之西南原太平 / 鄉崇仁里，距城堞八里新塋之壬穴，君穴庚也，以苗夫人祔焉。其孤 / 懷潤性亦純孝，復善為商，君之成家，叶謀幹蠱，孜孜共營，其力多焉。即事 / 先期，銜哀瀝血，丐文于余曰：「吾之先君葬有日矣，平昔善行，今如不銘泯滅，/ 非久為人之子，殆非孝也。不可以不銘，銘之，莫若子宜。」嗚呼！予雖不能銘，然 / 樂道人之善以傳焉。況宣聖見齊衰者必作哀，其有喪也，義不忍拒。乃詢其 / 實而書之，勉塞勤請。銘曰：/

鄉閭共譽，曰孝曰仁。何以致之，君性之純。/ 貲產豐阜，不日立成。何以致之，君識之明。/

彭城劉伸撰，劉伉書并篆額，任道隆、道儀刊。

六、宋李拯地券　元豐六年（1083）十二月二十六日

　　大宋元豐陸年歲次癸亥十二月二十六 / 日丙申，有南康軍建昌縣新成鄉 / 歿故亡人李拯神柩永葬于口智鄉龍居 / 社。土名大籠塘山，其地兊山巽向，元辰 / 之吉地。自太極肇分，二極乃立，人居其內，是 / 曰三才。既稟造化而生，亦因造化而死。故 / 蒐埽于天，骨埋于土。上從古制，下至于今。 / 時不欽古禮，爰遷此兆式。東止甲乙，南 / 止丙丁，西止庚辛，北止壬癸，中殃戊已。今 / 元規陰陽尅順，水埽如顧，山潮若趍。青 / 龍白虎，衛乎南北。朱雀玄武，挾于東西。上 / 則兩曜廿八宿之照臨，下則八卦三十八將 / 之輔助。幽壙清淨，孤魂逍遙。慶及昌時，福 / 流後嗣，應有魍魎并及凶妖，墓中有神，咸 / 宜誅剪。吾當享祀，永世无窮。急急奉 / 咸宜當貴姝太上老君勅。

七、宋熊九娘地券　　元祐三年（1088）十一月七日

額正書一行：地券如前

維元祐三年歲次壬辰十一月初一癸卯朔／初七日己酉，洪州豐城縣大順鄉諸陂／里住藏酬社歿故亡人熊氏九娘，行／年七十歲。天降大禍，命歸泉府。今用／錢財酒菓，扵五土明王、開皇地主邊買／得土名後坑，乹亥来山辛戌落坐乙向地一穴。／東止甲乙青龍，南止丙丁朱雀，西止庚／辛白虎，北止壬癸玄武。上止青天吉／星，下止黃泉。永為亡人万年山宅。／急急如律令。見人張堅固，／保人李定度，書人天官道士。

額與正文都從左至右書寫。

八、宋陳道士地券　　元祐七年（1092）十一月六日

額正書一行：宋故陳君地券

皇宋元祐七年太歲壬申十一月庚辰朔初／六日乙酉，江南西道臨江軍新淦縣玉笥山承天／觀老君院羽化道士陳君享年□十五歲。／福尽壽終，蒐歸冥寞。生居浮世，死安□□。卜地／襲吉，宜夲縣善政鄉德集里田北□土名陳婆／坑。謹用錢財就皇天父邑土主邊買得□□亥求／山丙向陰地一穴。東止甲乙青龍，南止丙丁朱雀，西止／庚辛白虎，北止壬癸玄武。蒼天，下止黃泉。□方勾／陳，分掌四域，与亡人永作玄宮。安葬後，千／秋萬歲不動不移。陰中凶神惡鬼不得妄／有争占，如違，准／太上老君／女青詔書律令。／

保人張堅固。／

見人李定度。／

書契人功曹。／

讀契人主簿。

額與正文都從左至右書寫。

九、宋崔氏墓誌　元祐八年（1093）十月十七日

額正書一行：宋崔氏墓

宋清河尚友直之继室曰博陵崔氏。曾／祖諱彤，終尚書比部貟外郎。祖諱鑒，父／諱桓，皆不仕。歸尚氏十有一年，能循婦／職，家人宜之。生子三人：曰志；曰德；曰愈。／以元祐二年四月二十六日感疾，卒于／寢，年三十三。以元祐八年十月十七日／葬于京兆府萬年縣少陵鄉興盛坊神／禾原尚氏之塋，與友直之先室張氏、後／室李氏同穴焉。

宋崔氏墓

宋请河尚友直之继室曰博陵崔氏曾
祖讳彤終尚書比部員外郎祖讳鑒父
讳桓皆不仕歸尚氏十有一年賦循婦
職家人宜之生子三人曰志曰德曰愈
以元祐二年四月二十六日感疾平于
寢年三十三以元祐八年十月十七日
葬于京兆府萬年縣少陵鄉興盛坊神
禾原尚氏之塋與友直之先室張氏後
室李氏同穴焉

十、宋王汝器墓銘　紹聖元年（1094）九月八日

亡弟公適墓銘 /

公適諱汝器，年四十有八，以宋元祐七年九月十八日卒，紹聖元年九月初八 / 日葬芮平里梅田之井塢。兄左朝請郎、前知建州軍州事汝舟誌其墓曰：王氏 / 家歙之婺源武溪。余先君年四十有四而終，嗣子惟予與公適二人。公適生 / 十有五歲而孤，扵是時，太父春秋高而余守官它州。鄉閭亡賴子弟日相習 / 飲博訟鬪，至有破產亡家而不知反者。人以公適少孤，謂其溺扵汙俗而不能 / 自立必矣。公適則不然，輒修飭奉承太父之訓戒。平居循循，擇所與遊，視其 / 鄉匪人斥絕避去，如惡惡臭。其後數年，予官滿歸，則見其卓犖為成人，克家 / 生事，持身謹嚴。內不為親憂，而外無負扵鄉人。盖亦可謂能自立者矣。嗚呼！人 / 皆有兄弟，我獨亡。昔人以為憂，此予今日之所以痛惻而深悲也。天乎不惠，使 / 不得相與久處扵此世而遽奪之，奈何！太父諱德聰，有善行，居鄉以長者稱。考 / 諱壽，贈左朝請郎。母洪氏，安福縣太君，今年八十四。公適娶洪氏。三男：廷振、廷 / 筠、廷堅。一女，許嫁胡氏子。孫男四人：敦友、敦常、敦仁、敦礼。孫女一人。嗚呼！誌其 / 墓而銘之，豈足以致予之悲，亦所以慰諸孤之心焉。銘曰： /

不溺于汙，其脩益端。不毀于隨，其守愈完。 / 其少則然，亦人之難。獨不與年，而又何歎。

亡弟公適墓銘

公適諱汝器年四十有八以宋元祐七年九月十八日卒紹聖元年九月初八日葬芮平里梅田之井塢兄左朝請郎前知建州軍事汝舟誌其墓曰王氏家歙之婺源武溪余先君年四十而終嗣子惟予與公適二人公適生十有五歲而孤於是時太父春秋高而余公守官它州鄉閭亡賴子弟相習而不能飲博訟闘至有破産亡家而不知反者人以公適少孤俗視其溺於汙俗而不自立必矣公適則不然報倩飭奉承太父之訓戒平居循循擇所與遊視其鄉匪人斥絕去如避惡臭其後數年予官滿歸則見其卓犖為成人克家治生事持身謹嚴內不為親憂而外幸貞於鄉人蓋亦可謂能自立者矣鳴呼人使皆有兄弟我獨亡昔人以為憂此予今日之所以痛惻而深悲也天乎不重使不得相與久處於此世而遽奪之柰何太父諱德聰有善行居鄉以長者稱考諱壽贈左朝請郎母洪氏安福縣太君今年八十四公適婆洪氏三男廷振廷考藥廷聖之宣是以致予其悁悲端不殷于隨其守愈完銘曰

不溺于汙　其守愈完

墓而銘　其少則然

亦人之難　獨不與年而又何嘆

周洪刊

十一、宋程氏墓誌　紹聖四年（1097）九月二十二日

宋故長興縣君墓誌銘 /

中大夫、守尚書右丞、上柱國、會稽郡開國公黃履撰。 /

朝奉大夫、試給事中、護軍、賜紫金魚袋虞策書。 /

朝請郎、試中書舍人、騎都尉、賜紫金魚袋葉祖洽篆蓋。 /

長興縣君程氏，饒之樂平人。曾祖諱居倫，祖諱思忠，父諱哲，世積善行，/ 稱于州閭。夫人年二十有三，嫁同郡德興張先生磐，為宣義郎致仕。潛 / 壽光縣君葉氏之子婦，大理評事偕蓬萊縣君王氏之孫婦也。事王 / 舅姑十有三年，事舅姑三十有五年。具飲饌，承色辭，服勤不厭，始終惟一。/ 而待夫如賓，教子有法，族人宜之。蓬萊夫人嘗語壽光君曰：「吾婦如是，/ 吾家其昌乎！」子男五人：根以通直郎致仕；相、極、樞、樸皆舉進士。女二人，/ 適進士應邦直、明州司法杜綜。孫男三人，女九人。根今處之遂昌，秩滿 / 當遷，適遇歲郊。因白夫人曰：「大父母年高，若致政升朝，則恩上逮矣。」夫 / 人曰：「而父每以榮親為言，屢試禮部，終未獲遂。爾能及此，善莫加焉。」為 / 之達其父與其大父母，根廼得行其志。於是以父母恩回授 / 大父母，以妻恩回授夫人，邦人榮之。夫人於孝慈為最隆，自為女時，已 / 能順事父母。及聞其終，即閱佛書。嘗有鳥止坐隅，鳴聲甚悲。視胷間，/ 果有遺鏃。為誦大悲呪，出之。俄而奮迅然，徊翔然，久而後去。紹聖二年 / 乙亥秋九月晦壬戌，寢疾。十月二十四日丙戌，謂根等曰：「吾其逝乎，惟 / 不獲終養舅姑為恨。其敬承之，以卒吾志。」享年五十有八。夫人之事姑 / 也，雖沐浴亦躬視寒煖之節。比其亡也，其姑因浴感寒，尤增悼之。越後 / 年秋九月二十二日壬申，葬其邑之泰寧里。根，余之子壻也。前期致書 / 請銘，乃從而書之。其辭曰： /

在中饋，无悠遂。正而吉，斯為美。嗟夫人，日孜孜。 / 隆所尊，勞勿辭。非孝誠，奚克斯。昭無窮，貽銘詩。 /

閻遷刊。

宋故長興縣君程氏墓誌銘

中大夫守尚書右丞上柱國會稽郡開國公黃慶　　撰

朝奉大夫試中護軍賜紫金魚袋虞　　策　　書

朝請郎試中書舍人騎都尉賜緋金魚袋　祖洽　篆蓋

長興縣君程氏諱之樂平人也曾祖諱倫祖諱思忠父諱

籍于州閭夫人年二十有三嫁同郡德興張先生諱義仕潛

朝請郎試中書舍人騎都尉賜緋金魚袋祖洽吾婦姑事王舅

尊光縣君葉氏之子婦大理評事偕蓬萊縣君王氏之孫婦如吾

而待夫如賓子男子有法族人宜之夫人嘗語壽光君曰吾婦如是

姑十有三年事舅姑三十有五年吾縣夫人欲僎承色辭服勤不厭姑終惟一

吾家其昌乎男五人根以通直郎致仕相柩相實樂進士女二人

適進士慮郎直明州司法綜別三人女高若致政升朝則恩上遣士女二人

當遷適歲郊而夫人曰大父母若致政升朝則恩上遣矣夫

人曰而父與其兄弟屢試禮部廼終未蒙恩及此善莫加焉為

之遵其父與其兄弟根廷得行其志於是以父母恩回授

太父母以妻恩回授夫人邦人稱之夫人於孝慈為最隆為女時已

能順事父母及聞佛書嘗有烏止坐隅鴻翼間已為女時已

事有遺鑕為誦大悲呪出之俄而書還然久而後去紹聖二年

景有遺鑕為誦大悲呪出之俄而書還然久而後去紹聖二年

乙亥秋九月晦壬戌疾十月二十四日戊戌謂根等曰吾遊于惟

不獲終養易為恨其敬承之以辛志事年五十有八夫人之事姑

也雖沐浴亦躬視寒煖之節比其七也姑因浴感寒尤增悼之越後

年秋九月二十二日壬申葬其邑之泰寧里根余之子壻也前期致書

請銘刃從而書之其辭曰非孝誠　　昭無窮　貽銘詩閩遊刊

隆所尊　夢勿辭　　正而吉　斯為美　嗟夫人　曰玆玆

在中饋　无徹遂　吳虎斯

十二、宋張斌墓誌　紹聖五年（1098）正月十二日

額正書三行：宋故清河張君墓誌銘

宋故清河張君墓誌銘并序 /

河東張公晟撰，東陽苗景淑書，宋仲安刊。 /

君諱斌，姓張氏，其先世廼潞人也。洎君氏之上，皆失其名諱，宅□ /
市井間久矣。平居治餅磨坊為業。君之天性務知足，為富不貪 /
為寶。舉事有果毅之風。嘗慨慷言曰：「苟能事親，雖履虎尾又何憺 /
焉。」享年四十有一，慶曆六年八月晦日終于家。娶郭氏，有子二人： /
長子曰慶；次子曰成。有孫三人，君之次子所生也。長子慶先卒。次 /
子成娶郭氏，生子三人：長曰實；次曰宗；次曰福兒。實娶和氏；宗娶 /
郝氏；福兒尚幼。君婦郭氏樂君之德，實維我特，不幸蚤死，違失 /
偕老。哀稚子方幼而孤，上無先舅先姑之怙恃，誓守其義以終之， /
迄今四十年矣。始憫季子家失嚴君之訓，自閨門之中治家教子， /
尤有其法。子被偏親之訓，自少有成人之風。憂母氏之劬勞，故夙 /
夜定省，躬侍寢膳，及順寒暑。及其得家人郭氏同其侍養，以慰母 /
心，成其之志焉。及長，復興上祖之業，子孫茂盛，增庶富扵前古。斯 /
乃君氏君婦之有慶也。母氏逮乎年，悼飭其子曰：「汝之父亡且久 /
殯而未葬，吾今老矣。汝可勤力，若遷爾之父母，藏于土下。若預脩 /
棺衾之具，吾所願也。」成既聞命，稱家之有，敢不儉乎。其親凡喪 /
具預脩之，亦先卜宅兆。得以上黨縣太平鄉崇仁里趙慶地內封置 /
墳地貳畝貳分，從其欲也，以待母氏之終。母氏至紹聖四年十二 /
月十一日寢息而終，享壽八十有五。將以今年正月十二日葬于 /
先塋之兆，今年實紹聖五年也。重孫男伯兒。成一日杖泣訪余，堅 /
請誌壙，義不可辤，敢摭其實而為之文。銘曰： /

君之天性，樂道於躬。後世昌盛，積善之功。 / 君婦賢矣，義成厥終。
子孫詵詵，光乎祖風。 / 生死事葬，孝行惟崇。降爾遐福，傳之無窮。

十三、宋吳六娘地券　建中靖國元年（1101）三月十二日

額正書一行（從左至右）：地券如前

維建中靖國元年三月壬戌朔／十二日癸酉，撫州臨川縣外南廂黃栢／路住歿故亡人吳氏六娘，行年四十七歲。天降大禍，命歸泉府。今用／錢才酒果，於五土明王、開皇地主買／得臨汝鄉長源保作亥山巽向。／東止甲乙，南止丙丁，西止庚辛，／北止壬癸。上止青天，下止黃泉，永為／亡人万年山宅。見人張堅固，保人／李定度，書人天官道士。

十四、宋熊大娘地券　崇寧元年（1102）十一月二十一日

額正書一行：地券如前

崇寧元年十一月壬申朔二十一日壬寅，／大宋国撫州金谿縣石琴保女弟子／熊大娘歿故。亡人行年七十／九歲，天降大禍，命歸泉府。今用錢／才酒果於五土明王、開皇地主買得／土名黃家墓窠乩山丙向陰地壹穴。東止甲／乙，南止丙丁，西止庚辛，北止壬癸。永為／亡人万年山宅。急如律令。見人張堅／固，保人李定度，書人天官道士。

額與正文都從左至右書寫。

十五、宋黃二十二郎地券　崇寧元年（1102）十二月六日

額正書一行：宋故江夏黃府君券

維皇宋崇寧元年歲次壬午十二月辛亥朔初六／日丙辰，江南西道洪州豐城富城鄉外吳里蕩／村中社歿姑江夏黃二十二郎。享年八十歲，於是年／六月二十四日身亡。謹用錢財酒果於宅西南土名影／裏，五土冥王、開皇地主邊買得乾山來龍壬亥，／降勢作丙向地一穴為塚宅。東止甲乙，南止丙丁，西／止庚辛，北止壬癸。中央並屬亡人千千年之塚宅，永鎮／劫劫之丘靈。若有珍寶，並屬亡人所管，不干地神之／事。謹具地券為名者。書人天官道士，保人張堅固，／見人李定度，急急如律令。／

三十八將共為隣，／券鎮丘墳廕兒孫。

額與正文都從左至右書寫。

宋改江夏黃府君券

（符圖）

券頭立壇應兒孫
三十八將共為隣

見人李定度急如律令

事謹具地券為名者書人天官道士保人張堅固

契劫之立靈若有武賣並屬之人所管不干地神之

此庚辛壬癸中央並屬亡人千年之塚宅永頔

降勢作丙向地一炁為於塚宅東止甲乙南止丙丁西

東就五十寅壬開皇地主邊買得乾山來龍壬亥

肖二十四日身亡謹用錢財酒果於宅西南土名影

村中莊段祐 江夏黃二十二郎享年八十感於昊年

日丙辰江南西道洪州豐城縣富城鄉外吳里鴻

維皇宋出小寧元年感次壬午十二月辛亥朔初六

十六、宋梁全墓誌　崇寧四年（1105）三月二十四日

誌蓋正書三行：宋故安定梁君墓誌銘

宋故安定梁君墓誌銘 /

君諱全，夲修武孝廉鄉蘇藺村人也。少以墾闢耕耨 / 給其家。及壯，慨然歎曰：「茲安足以奮身。」欲謀別居，用 / 廣治生之計，遂徙於邑下。君與長子恭同力營運，資 / 產不數年積累鉅萬，乃君與長子恭之力也。平日喜 / 飲酒，雖至斗餘而不亂。稟性純直，與人交必有信。治 / 家嚴恪，毅然有不可犯之色。崇寧三年四月十三日 / 終於家，享年八十二。至四年乙酉歲三月戊戌朔二 / 十四辛酉日，葬於孝廉鄉孝義里恩村之原。少娶劉 / 氏，生子二人：長曰恭；次曰閏；皆亡。女四人，皆適人而 / 早卒。孫男四人：長曰琮；次曰章；次曰彥；次曰筠。孫女 / 六人：長曰大姑，適進士麻直夫；次曰五姑，適進士竹 / 嶼；次曰小姑；適武陟縣市戶馮迪；次曰七姑，適武陟 / 縣市戶徐恭；次曰大娘，許進士牛公雅；次曰二娘，幼。 / 曾孫男二人：長曰蘿頭；次曰婆奴。曾孫女六人，皆幼。 / 恭之妻成氏既營葬事，欲紀其翁與夫之勤儉艱難， / 以立其家。又不能彰明其德，以貽子孫。乃求為文於 / 余，不得已，故述其事。銘曰： /

家寖而昌，必大其後。 / 乃立斯文，垂之不朽。

十七、宋章十娘地契　　大觀三年（1109）十月二十一日

額正書一行：章氏十娘地契

維皇宋歲次己丑大觀三年十月壬申朔二十一日壬辰，江／南西路洪州豐城縣富城鄉同造里水南／保歿故章氏十娘，行年四十七歲。於大觀／三年正月十二日，忽然天降大禍，命往泉／墓。昨用錢財万万貫，於土名查坑買／得坤山来龍癸向地一穴。其地東止甲／乙，南止丙丁，西止庚辛，北止壬癸，中央戊／己。為亾人塚宅。內坊勾陳，主掌四域。地／下若有珍寶珠玉，並係亾人所／管。前／亾君子、後化女人，並為隣里。伏屍故器，／不得妄來呵責。如違此約，付与汝清。／急急如律令。／

書人天官道士，保見人歲月主者。

十八、宋海州大寧寺掩埋骨殖誌　政和二年（1112）正月十五日

額正書：洪

政和二年正月十五日，／移到城北大寧寺僧堂／後次東行廊下，白箱／一合骨殖，無年月記号。

近年發現於江蘇省連雲港市海州區網疃村，磚質。

十九、宋汪路埋文　宣和二年（1120）十二月六日

宋承議郎、賜緋魚袋汪公埋文 /

公諱路，字彥由，歙婺源人。曾祖丕，祖惟良，晦迹不仕。 / 父叔漸，累贈奉議郎。母胡氏、繼母劉氏，贈孺人，皆以 / 公貴也。娶萬氏，再娶張氏，並為孺人。男五人，女二人。 / 公紹聖四年擢進士第，政和八年九月十五日坐逝 / 家寢，享年七十一。諸孤以宣和二年十二月六日葬 / 公于新芝里臨河。朝奉大夫、直祕閣、知信州王愈為 / 墓誌銘，立碑饗堂之左。惟公學行政事與歷任始末， / 具載誌文，此不復書。謹以銘詩實諸壙，用紀歲月。其銘 / 曰：其積之厚，其造之深。其守也固，其政也循。嗚呼！ / 公乎為君子人。朝奉大夫致仕、賜緋魚袋萬如石書。

宋承議郎賜緋魚袋汪公埋文

公諱路字彥由歙婺源人曾祖不祖惟良晦迹不仕

父叔漸累贈奉議郎母胡氏繼母劉氏贈孺人皆以

公貴也娶萬氏再娶張氏並為孺人男五人女二人

公紹聖四年擢進士第政和八年九月十五日坐逝

家寢享年七十一諸孤以宣和二年十二月六日葵

公于新定里臨河朝奉大夫直祕閣知信州王愈為

墓誌銘立碑饗堂之左惟公學行政事與歷任始末

具載誌文此不復書謹以銘詩寘諸壙用紀歲月其

銘曰其積之厚其造之深其守也固其政也循嗚呼

公乎為君子人朝奉大夫致仕賜緋魚袋萬如石書

二十、宋呂居義地券　宣和三年（1121）十二月二十四日

維皇宋宣和三年歲次辛丑十月一日／壬辰十七日戊申，饒州餘干政新杉田／呂六十七郎諱居義，因疾不幸身故。夫／人生而有室，死而有穴。於十二月初七／用錢九萬九千貫文，就武夷王買此辛／兌山甲向地一穴。東至甲乙，南至丙丁，西／至庚辛，北至壬癸。上至皇天，下至黃泉，／中至亡人之墓。自夲月二十四安厝已／後，如有精邪鬼魅争占，執此契照為／攄。誰為書，水中魚。誰為讀，天上鶴。魚何／在，入深淵。鶴何在，飛上天。見人張堅固，保／人李定度。若要来相見，来尋東海邊。／万万九千年，太上急急如律令，敕。

天九亡千年太上息息如律令　　勅

東定慶若要來相見者尋東海邊

往入深州鶴何在飛上天見人眼堅固得

楊誰為壽水中名相為讀夫上鶴魚何

後如有精邪思遠爭占執此契肤唄為

中至亡人之墓自本月二十四安厝已

至庚辛北至壬癸上至皇天下至黃泉

冗山甲向地一穴東至甲乙南至丙丁西

用錢九万九千貫文就武夷王買此単

人生而有宝死而有宅因疾不東身故矣

呂六十七即講君喪

壬辰十七日戊申饒州餘干政新杴田

維皇宋宣和三年歲次辛丑十月一月

二十一、宋陳大醇墓誌　建炎元年（1127）十一月十一日

額篆書一行：陳居士墓誌

宋故陳居士墓誌 /

男傑泣血撰并書。 /

宣教郎、饒州樂平縣丞鄒楊篆蓋。 /

承奉郎、前越州士曹陳植填諱。 /

小子泣血而書曰：我先人陳氏諱大醇，字元應。曾大父文順，大父 / 益，父伯虞。世為著姓，皆以儒業傳家。其先袁州宜春人，因五季而 / 徙居豐城港口已八世，先人生於熙寧元年之戊申，沒于宣和 / 之乙巳，享年五十八。溫慈淳厚，發自天成。語必由衷，不妄喜 / 慍。迄于壯年，嘗遊太學，首尾數載，進恥不弟，蹭蹬而歸隱於是鄉。常 / 以學業訓其子姪，而扵晨夕間手不失卷。孳孳勤苦，雖祁寒盛暑 / 未嘗少懈。自歎曰：「生逢太平，我之才學不遇士大夫，身之不幸也 / 如此。」扵是乃息心休慮，以居士自號曰净信，以釋氏為尚於人，我 / 未嘗靜也。惟小子不能盡述其志。娶黃氏，同邑通直郎朋之女。生 / 子三人：傑、伸、倬。女二人：長適進士周維直；次許黃龜年。男女孫二 / 人。以丁未十一月丁酉，葬于宣風鄉期塘里東坑源劉家崗。宜有 / 誌以遺於後人。嗚呼！銘之不可以失實也。顧惟淺陋，不可以飾親 / 之美而必扵信傳，故傑泣血而書，以紀其實云。謹識。

篆額：陳居士墓誌

宋故陳居士墓誌

男　　　泣血撰并書

宣教郎饒州樂平縣丞鄉
承奉郎前趙州士曹陳植　填諱

小子泣血而書曰我先人陳氏諱大醇字元應曾大父文順大父
父父俱蓍世爲著姓並以儒業傳家其先人因五春人因五厚而
縱居豐城湛口八世先人生枚熙寧元年之戊中没于宣和
七年之乙巳享年五十溫慈溥厚發自天成詁必由衷不妄喜
惟迫于壯年當遊太學首慕數載遲取不第歸隱於鄉常
以學業訓其子姪而抃手不类蓁孳竇勤苦雖鄉邑寒暑
末嘗少懈自嘆曰生逢太平我我父才學不遇于大夫身之不羣也
末嘗諫也唯小子不能畫述其志娶黃氏同邑通直邵朋氏女生
如此北是乃息心休慮以居士自號曰淨信稱民爲高族人我
子三人俱仲女三人長適進士周維直次許黃龜年娶姒孫二
恵另一月可閏叟秉宣風鄉期唐里東坡源劉家菌宜有
訃山違尽後人爲爭鑿之不可以失實也顧惟淺酒不可以飴親此
之長而以歌信俾數條泣血而書以紀其資不謹識

二十二、宋董材墓誌　　*紹興元年（1131）十二月九日*

　　公諱材，字賚育，世為饒州德興海口人。正議大夫 / 董公傅之曾孫，通議大夫乂之孫，朝奉郎淞之 / 子也。建炎四季，以迪功郎調邕州司法叅 / 軍。紹興元年八月十八日，終於家，享年 / 四十有四。以其年十二月初九日壬 / 申，葬于婺源縣黃潭之木蘭 / 塢。公娶胡氏，有子二人：長曰輝； / 其次尚幼。女三人，皆幼。其餘 / 施設有墓碣焉。

二十三、宋姚九郎地券　　紹興十六年（1146）正月十二日

維皇宋建昌軍南城縣太平鄉 / 常樂里板塘保，即有亡人姚九 / 郎行年四十三歲，命落黃泉。今 / 用銀錢九千貫文於地主边買得 / 亥山內向地一穴，於歲次丙寅紹 / 興十六年正月十二日安葬。其地 / 東止甲乙，南止至丙丁，西止至庚辛，北止 / 壬癸。上止青天，下止黃泉。中心下穴，永為 / 亡人万年家宅。蔭益子孫，代代富貴。 / 凶神惡鬼不得争占，如有此色，分付七十 / 二神、王子，先斬後奏。急急如律令。 / 勅。保見人張堅固， / 書人天官道士。

二十四、宋陳十一娘地券　紹興十九年（1149）十一月一日

　　維皇宋紹興十九年十一月一日己酉 / 朔，大宋国江南西道建昌軍南 / 城縣旌善鄉逢時里吳□□ / 保歿故亡人陳氏十一娘，/ 行年七十八歲，命入泉鄉。今於 / 土名祖墓窠開皇地主 / 边，用錢九千九百貫、金一兩 / 買得艮山庚向地一穴。東止 / 甲乙，南止至丙丁，西止至庚辛，北止 / 壬癸。中是亡人塚宅，並□□ / 穩，不得无道鬼神爭占，執 / 太上照書為憑。急急如律 / 令。

二十五、宋黃氏地券　　紹興二十八年（1158）十一月四日

額正書一行：黃氏地券

維皇宋紹興二十八年歲次戊寅八 / 月丁亥朔二十二日戊申，洪州豐城 / 縣富城鄉黃氏夫人傾辭世壽。乃得 / 吉卜，就本縣同源山吉地一穴。東止 / 甲乙，南止丙丁，西止庚辛，北止壬癸。 / 上止青天，下止黃泉。中一穴為黃氏夫人 / 万万年壽地。於當年十一月初四庚 / 申，大葬已後。仰龍虎朝迎，神靈護衛。亡人安利，子孫吉昌。一如 / 誥命。 / 天官道士書。

二十六、宋王機之母地券　淳熙四年（1177）十二月十九日

　　額正書一行：地券文

　　維皇宋淳熙四年歲次丁酉十二 / 月丙寅朔越十九日甲申，哀子王機 / 敢昭告于庫北原之神曰：機等罪逆 / 至鉅，酷罰蒼天，母夫人去年冬傾逝。 / 痛惟送死大事，不敢不勉。而陰陽家 / 亦云，今茲歲可葬。於是即圖宅兆，以 / 奉窀穸。行營既久，乃得斯地。山秀水 / 長，形奇穴異。求諸夢卜，襲干休祥。是 / 宜為我皇姚真宅，今其歸窆。用虔 / 告于爾明神，凡扞土松楸，子孫世守。 / 毋敢怠忽神之聰明，默為呵護。其或 / 不祥侮我方中，宜飭強雄正之以義。 / 在幽之靈，永獲安妥。存沒受賜，不忘 / 春秋祭祀，神實與享，顧不休哉！謹告。

二十七、宋吳時昇墓碣　淳熙十五年（1188）十月二十三日

額正書四行：宋故吳公承事墓碣

先君諱時昇，字茂舉，撫之金谿人。幼／孤，育扵伯氏。及長，徙居于臨川。先娶／張氏，前先君二十二年卒。續王氏，子／一人，則琮也。女二人：長適夏思義；次／尚幼。孫男一人，未名。先君生扵宣和／七年七月己卯，卒扵淳熙十四年十／二月甲戌，享年六十有三。扵次年十／月乙酉，卜葬于臨川縣靈臺鄉梁家／原。琮忍死以辦襄事，未暇求銘扵當／世之君子。姑述其鄉里姓氏大槩，以／納諸礦云。孤子吳琮泣血謹書。

墓碣藏扵江西省上饒市博物館。

宋故

吳公

承事

墓碣

先君諱時昇字義舉撫之金谿人幼

孤育於伯氏及長徙君于臨川先

張氏前先君二十二年卒續王氏亦

一人則琮也女二人長適夏思義次

尚幼孫男一人未名先君生於宣和

七年七月己卯卒于淳熙十四年才

二月甲戌事年六十有三於次年十

月乙酉卜葬于臨川縣靈墓鄉梁家

原琮忍死以辦襄事未暇求銘於當

世之君子姑述其鄉里姓氏大槩以

納諸礦云孤子吳琮泣血謹書

二十八、宋甘輿墓誌　紹熙元年（1190）十月二十五日

額正書三行：宋故甘公墓誌

宋故甘公墓誌 /

公諱輿，字德廣，豫章豐城人。祖軻，父球。兄弟四 / 人，君居長。總角穎悟，綽有成人氣象。幾冠，侍父 / 商于江淮，深得范蠡、計然之策。不數年間，財物 / 滋盛。復舊業饒，新產革故，宇大門戶，皆公幹蠱 / 之力。天性樂易，遇事周旋。友兄弟，睦族黨。鄉鄰 / 鬥爭訟理不可解者，獨能從容導折，緜正之婦。 / 謹慶弔之禮，勇扵周人之急，殊不以親疏判厚 / 薄。視諸郎森樹，則勉以進學問，皆本心也，豈矯 / 揉為之。且喜談陰陽，遇知音者相與極論，雖不 / 求售於人，人皆悅之。江州將仕劉公詫其淂 / 古人三昧。誰謂方期退逸，戲綵親庭。而遽終天 / 年，止四十有六，聞者為之悲傷。娶鄒氏。子二人： / 曰文彬、文俊，皆克家。孫二人，幼，俱未名。公卒扵 / 淳熙十五祀十二月望日也。越三年，紹熙之元 / 十月二十五日，葬于所居之東隅曰何嶺 / 之山。先事，諸孤泣血請誌扵文昭，文昭，公從姪 / 也。敢不盡其愚，敬叙而誌之。謹誌。

宋故 甘公 墓誌

宋故甘公墓誌

公諱興字德廣豫章豐城人祖軻父球兄弟四
人公居長穎角頴悟緄緋有成人氣象幾冠侍父
高于江淮深得沱靈計然之策不數年間財物
滋盛復舊業饒新產華故宇大門戶皆公幹盡
之力天性樂易遇事周旋友兄弟睦其鄉鄰
鬬爭訟理不可解者獨能從容導析斯正之焉
謹慶孝之礼勇於周人之急殊不以親疏判孚
視諸郎森樹則勉以進學問皆本心也宣嚄
薄為之且喜談陰陽過知音者相與極論雖不
求隹於人人皆悅之江州將仕劉公深詫其得
古人三昧誰謂方期逸遊戲候親庭而遽終天
年止四十有六聞者為之悲傷娶鄒氏子二人
曰文林文俊皆克家孫二人幼俱未名公卒於
淳熙十五祀十二月望日也越三年紹熙之元
十月二十五日丙午葬于西居之束隅曰何嶺
之山先事諸於法血請誌扵文昭文昭公徒姪
也敢不盡其愚敬敘而誌之謹誌

二十九、宋椿年地券　嘉泰三年（1203）十月二十四日

額正書：地券

維皇宋嘉泰三年十月初一丙／申朔二十四日己未，謹昭告于／皇天后土：今將椿年葬于所居／之東園內，其地來山去水，坐辛／作辰。東止甲乙，南止丙丁，西止／庚辛，北止壬癸。左青龍，右白虎，／前朱雀，後玄武。四止之內，並將／安靖。亡者自今以後應是山神，／魍魎不得侵犯。／

急急如太上律令。／勑。

地券

維皇宋嘉泰三年十月初一丙
申相二十四日巳未謹昭告于
皇天后土今游椿年葬于所居
之東園內其地夾水坐辛
作辰東山甲乙南山丙丁西止
庚辛北山壬癸左青龍右白虎
前朱雀後玄武四山之內並將
安葬亡者目今以後應是山神
廻避不得侵犯

急急如太上律令

敕

三十、宋曾光烈墓記　嘉定九年（1216）三月一日

額正書一行：先君墓記

先祖姓曾，諱光烈，字元昭，世居撫州臨川之楂林。／曾祖序，祖山倚，父如椿，皆隱居不仕。先君少修／文學，場屋一再不利，乃慨然歎曰：「命矣，有司豈誠／枉我哉！」由是，日以詩歌自娛，士夫名儒樂與為友。／性溫善，任公平。事親孝敬，處家勤儉。是非爭忿，未／嘗與人較。初，皇祖考析橐，先君一聽伯氏區別，未／始過而問焉，人多以是賢之。晚年，銳志修造，昔其／經營方具而竟以不就。至於延儒訓子，此意尤焉。／甲戌春，忽疾，自知不壽，身後計措畫悉備。一日，語／琳曰：「予疾勿起矣，所可無憾者，幸汝知學，能繼予／後，但毋以家務而廢儒業。況汝二弟尚幼，更勉誨／之。」語畢而逝。嗚呼痛哉！先君生於淳熙之庚辰，卒／於嘉定之甲戌，享年五十五。娶母甘氏。男三人：琳、／瑄、璣。女二人：長適豐城進士李可宗；次適崇仁進／士馮伯夔。男孫一人，未名。以嘉定九年三月初一／日甲寅，奉棺葬于明賢鄉蕉蘭原之襆頭崗，從吉／兆也。惜猶未得名士為之銘，姑序生平大槩為記，／以詔諸幽。孤子琳泣血百拜謹記，婿李可宗填諱。

先君墓記

先君姓曾諱光烈字元昭世居撫州臨川之橋林
曾祖有亭祖山侗父如椿皆隱居不仕先君尤修
文學場屋一再不利乃慨然嘆曰命矣有司豈誠
枉我我由是日以詩歌自娛士夫名儒樂與爲友
仕逢善任公平事親李敬處家勤儉是那單忿未
嘗與人較勿豐祖考析槖先君一聽但氏區別未
經營方具而竟以不就至於延儒訓子此意无萬
姻過而問焉人多以是賢之職年銳志修遺共未
甲戌春忍疾自知不壽身後計措備一日語
琳曰予疾勿起矣術可無憾者幸汝知學能繼予
後但毋以家務而廢儒業況汝二弟尚幼更勉諸
之語畢而逝嗚呼痛哉先君生於淳熙之庚辰歲
於嘉定之甲戌享年五十五娶毋氏男三人琳次
壇織女二人長適豐城進士李可宗次適崇仁進
士焉伯變男孫一人未名以嘉定九年三月初一
日甲奠奉柩葬于明暗卿蕉蘭原之幘頭崗徙吉
兆也惜猶未得名士爲之揄姑存生平大槩爲記
以詔諸幽孤子琳泣血百拜謹記壻李可宗填諱

三十一、宋孫環坡墓券　嘉定十四年（1221）九月十五日

額正書四行：宋環坡孫隱君墓券

維皇宋嘉定龍集辛巳九月丙／申，孤子孫琮、瑱、瑀、璟虔卜斯辰，奉／先考環坡隱君之柩，葬于仁木之原。／謹以哀悃告于／山川之神曰：「冨城之鄉，橫領高方。／西迤而長，峯曰天堂。支還其旁，落／脉中央。驟伏崛強，厥趾維陽。厥翼／迴張，中屹阜岡，如鳳之翔，／先君之喪，卜焉允臧。孰維孰綱，惟／神降祥。先靈妥藏，子孫其昌。祭／祀有常，其敢或忘。謹告。」

宋環
坡孫
隱君
墓券

維
皇宋嘉定龍集辛巳九月丙
申孤子孫琼瑰環慶小斯辰奉
先考環坡隱君之柩葬于仁木之
原謹以哀悃告于
山川之神曰冨城之鄉橫領高方
西迤而長奉曰天堂支還其蜀落
脉中央驥伏嶇强巖趾維陽巖翼
廻張中屹阜岡如鳳之翔
先君之衾卜窆兔藏孰維執綱惟
神隂祥先靈妥藏子孫其昌孫
祂有常其敢或忘謹告

三十二、宋杜氏墓銘　嘉定十六年（1223）二月十一日

額篆書二行：杜氏墓銘

浮潭之下為楊門，佳城向艮坐則坤。／有宋建鄴杜氏墳，潮女錫孫圯曾孫。／乾道壬辰生仲春，性勤而儉直而溫。／江夏大昌癸丑婚，子鼎見是方衍蕃。／嘉定壬午辭世塵，葬以癸未春甲申。／先我鹿隱奉二尊，它日同穴居斯垣。

姓氏
墓銘

浮潭之下為楊門佳城向艮坐則坤

有宋建鄴杜氏墳潮女錫孫圯曾孫

乾道壬辰生仲春性勤而儉直而溫

江夏大昌癸丑婚子鼐見是方衍蕃

嘉定壬午辭世塵葬以癸未春甲申

先戎鹿隱奉二尊它日同穴居斯垣

三十三、宋甘氏地券　嘉定十七年（1224）閏八月二十六日

額正書：地券

里人劍浦郡寥百禮記。／

維皇宋嘉定十七年閏八月乙未朔越二十六日／庚申，孝夫范彥文謹告于社港張坑／山之靈：維山發趾丫凹，委蛇北行，屹峙張嶺，／迤而伏焉。面直大聚山，背負張坑嶺。山則不／童，泉則不涸。四神八將，拱衛中外。三陽六建，／映帶左右。灼龜定墨，實為吉藏。今奉亡室／甘氏靈柩爰宅茲土。咨爾靈祇，斥固封守，／撝呵不祥。億萬斯年，福流後裔。唯是春秋祭／祀，爾神亦與饗之。甘氏歸由甘墟，祖德風，父明道。生於紹興辛巳，卒於嘉定壬午。／粵自主饋，奉順尊章，佽助生理，人以孝謹稱。／彥文家世金橋，大父世安，考宗周。男三人：公理、公義、／公顯。娶王氏、黃氏、陳氏。女二人：長適同里夏功／戀，先氏卒；次臨川吳曲玉。孫男八人，女三人，／俱幼。式謹襄奉，因紀歲月，劖碻詔幽云。謹告。

地券

里人劍浦郡廖禋禮記

皇宋嘉定十七年閏八月乙未朔越二

十有六日庚申孝夫范□謹告于杜港張坑二

山之靈維山發趾丫四委蛇北行屹峙張嶺不

逸而依焉面直大聚山背負張坑巔山則建

童泉則不洄四神八將拱衛中外三陽六建

映帶左右灼龜定墨寶為吉藏今奉亡室

甘氏靈柩爰宅茲土咨爾後裔唯是春秋祭

撝呵不祥億萬斯年福流後裔由甘塘祖德風

祀爾靈神亦與饗之甘氏歸於靈祇尓圉守

父明道生於紹興辛巳卒於嘉定壬午

粵自主饋奉順尊章修助生理人以孝謹摘

娶家世金橋大父世安考宗同男三人鍾義

鬻娶王氏黃氏陳氏女二人長適同里夏攻

先民卒次臨川吳曲玉孫男八人女三人

慈幼式謹襄奉因紀歲月劖磻詔幽云謹告

俱初□武謹告

三十四、宋范氏地券　　嘉定十七年（1224）十二月十四日

額正書：地券

宋故夫人范氏於嘉泰辛／西十二月辛卯歿，以嘉定／甲申十二月丙午遷葬于／撫州崇仁縣穎秀鄉烏源／驪草崗之原。左為青龍，右／為白虎，前為朱雀，後為玄／武。用買山錢十萬，敬祝地／神守護兆域，斥遠妖恠。千／秋固安，芘旺生存。祭祀以／時，神亦享無窮之報。謹告。

地券

宋故夫人范氏殁於嘉泰辛
酉十二月辛丑命殁以嘉定
甲申十一月丙午遷葬于
梅州宗行縣穎秀鄉烏源
駭草崗之原左為青龍右
為白虎前為朱雀後為玄
武用買山錢十萬敬祝地
神守護兆域斥遠妖怪千
秋固安咗旺生存祭祀以
時神亦享無窮之報謹告

三十五、宋黃中和之妻地券　　紹定二年（1229）九月二十日

額篆書一行：地券

維皇宋紹定二年歲次己丑九月乙丑／朔越二十日甲申，孝夫黃中和敢昭告于／刁峯天井坑之山神曰：「自奠天地，即有此／山。山之英奇，神實尸之。吾有此業，多歷年／所。昔岵今屺，予父植之，兹以亡室卜葬于／此。其山上窮碧落，下至黃泉。蟠于左者青／龍，踞于右者白虎。翔于前者朱雀，衛于後／者玄武。東西南北，各占千畝。坐甲向庚，水／流巳巽。安厝之後，俾亡者得以妥其靈，存／者得以席其休，皆神之賜也。苟魑魅方良／妄有侵軼，賴神以撝呵之。自時厥後，春秋／祭祀，神其與饗焉。」謹券。

維 皇宋紹定二年歲次己丑七月乙丑
朔越二十日甲申寺夫黃中和敢昭告于
丁峯天井坑之山神曰甚天地即有此
山山之夫奇神實尸之吾有此業多靈井
所昔岅今屺予父植之兹以亡室卜葬于
此其山上窩碧落下至黃泉端于左青
龍蹯于庫蒼白虎翔于甫末永衛于後
者玄武東西南北各占千畝坐甲向庚水
流巳巽安晉之後俾亡者得以妄其靈存
者得以希其休皆神之賜也百魑魅方良
妄有侵軼頻神以撟呵之自時厥後春秋
祭祀神其興饗焉謹券

三十六、宋黃子政壙記　　紹定三年（1230）二月四日

額隸書四行：宋故黃君德厚壙記

宋故黃君德厚壙記 /

兄諱子政，字德厚，家世于豐城之龍霧洲。曾大父 / 煥，大父立，父文忠，俱韜潛德。同氣五人，兄其長也。/ 豐儀莊肅，即之溫如，事父母承順惟謹。遇事如 / 剖竹，見之者斂服；議論若決江河，聽之者無斁。處 / 兄弟間友愛，急難類春風常棣。烋原脊令，全良不古 / 媿義。于鄉黨睦，于媔族樂。延師訓子姪，斟風酌月，/ 尤喜放懷於事物外。方破夢江湖，而遽以微急終 / 于正寢。嗚呼痛哉！娶馬氏，男二人：曰充；曰允。克家而進學。女二人：長適胡惟賢；次許適龔紹宗。俱業 / 進士。孫男二人，未名。孫女二人，尚幼。兄生於乾道 / 戊子九月丁亥，歿扵紹定戊子八月乙丑，享年六 / 十有一。以庚寅二月四日丁酉葬于石子岡之原，/ 距祖塋伊邇，盖兄志也。襄奉日迫，姑識其畧而納 / 諸壙。丐銘紀實，則尚俟立言之君子云。弟子傑抆 / 淚謹記，修職郎、前福州寧德縣丞孟醇書丹。

宋故黃君德厚壙記

君諱子政字子建厚家世
于豐城之龍霧洲曾大父
娠大父立父受忠俱韞潛德同氣五人
也丰儀醢冲之溫如事父母承順惟謹遇事如
剖竹見之者欲服議論若決江河聽之者無斁厭
兄弟閒炙愛急難類春風當㸑烘原裕令良不苟
媿羞于鄉黨睦于婣族樂延師訓子姓斟酌風勵月
尢喜敁懷故事物㪬方破憂江湖而遽以微恙終
于正寢嗚呼痛哉要馬氏男二人曰元曰克家家
而進學女二人長適胡惟賢次詳通龔紹宗俱業
進士孫男二人未名孫女二人尚幼兄生於乾道
戊子九月丁亥歿於紹定戊子八月乙丑享年六
十有一以庚寅二月四日丁酉葬于石子岡之原
距祖塋伊邇盖兄志也襄奉日迫姑識其墨而納
諸壙与銘紀實則尚俟五言之君子云萬子傑校
讀並記修職郎前福州寧德縣丞馬醇書丹

三十七、宋藍文蔚墓誌　紹定三年（1230）十月三日

額篆書二行：宋故將仕藍公之墓

公諱文蔚，字彥章，饒之德興縣盡節鄉化龍里湖山人也。生於紹 / 興戊辰二月二十七日亥時，娶里中王氏。男六人：樨、橄、梓，梓蚤世，/ 準出継，彬、鑑皆植學。女一人，適康山進士戴次冑。孫男十人：田玉、/ 廷瑞、焱廷、堅、大圭、燚、煇、煥、焆、煒。孫女十人。曾孫男二人：禺、立。曾孫 / 女六人。王夫人先公三年卒。卜地于里之峽山，就營雙穴。紹定 / 庚寅暮春下旬之六日，忽夢更衣入棺，從而撰之。既覺，自念決非久 / 於人世。至陸月九日晨興，意忽不樂，呼家人語曰：「余年捌拾有叄，/ 數其盡矣。」端坐誦笁墳數語而逝。諸孤以今年十月初叄辛酉，奉 / 柩與王夫人合葬焉，從治命也。余與公幻子鑑蚤歲同筆硯，飛書 / 請銘，義不容辭，故為之銘曰：維峽之岡，鳳舞鸞翔。公居此室，後裔 / 其昌。紹定叄年玖月日，契姪從政郎、新峽州夷陵縣令、主管勸農 / 營田公事黎彌振謹書。

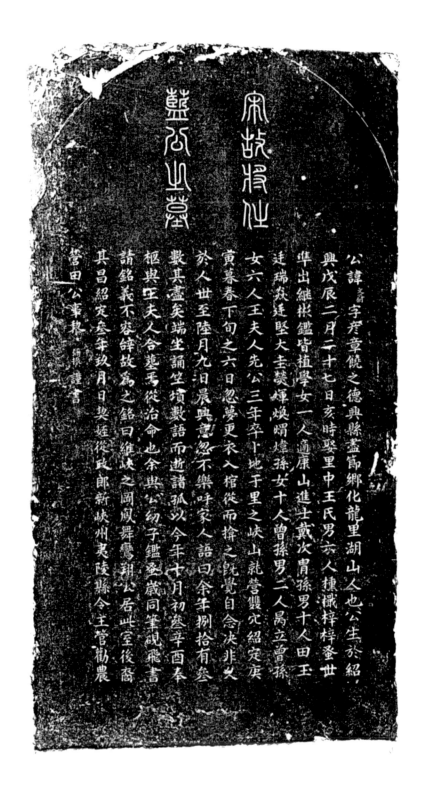

三十八、宋彭傑墓銘　嘉熙元年（1237）十月二十八日

彭公諱傑，字□□，□宋人也。曾祖言，祖道，父壽，世家于 / 饒郡安仁。兄□□□公為仲氏，伯暨叔季俱早喪亡。 / 公事父母孝□□□友以和，應事物以禮。睦親姻，扶孤 / 恤遺，不啻己子。□於交善，忠於人謀，甚為邑里所敬。□ / 性質慤明達，以□卑自居。進退周旋，必合禮度。自奉至 / 約，處之淡然。性□任真，不為矯飾，以禮遜訓子弟，戶庭 / 之內長若如春。□卒歲之外，家有餘裕。晚年厭與俗伍， / 且有子克服其□，笑傲壺觴，雅自閒適。壽一閱甲子，遽 / 抱微疾，藥劑施之罔功。一日，立二子手前，誨以世故，囑 / 以遺事。既而命遷于正寢，竟成長逝，人以為知命。公生 / 於戊戌年二月初八日，卒於嘉熙丁酉九月二十四日。室 / 吳氏。子男二人：長禮，娶周氏；次新，未婚。女三人：長適里人 / 鄭時；次適劉穎，幼未聘。諸孤營建幽宅，龜筮告吉。將以是 / 月辛亥，其日丙午，終奉窆事于邑之崇義鄉五都，地名李 / 坊。坐乾亥，山作巽巳向。謹書而寘諸壙，聊以備歲月記耳。 / 峕嘉熙元年十月二十八日，孝男彭禮謹誌。

故彭
千五
承事
墓銘

公諱傑字□□□祖□□父壽□□家于
□宋人也曾祖
□□安仁兄弟叔季俱早喪亡
（公為仲氏伯暨叔季俱早喪亡
□孜以和應事務以禮睦親姻撫孤
公事父母孝□□以禮睦親姻撫孤
愉遺不喜已子□公交善於人謀必為邑里所敬至
性實慈明達以□□退周旋必合禮慶自奉至
約之淡然惟□□□居進退周旋必合禮慶自奉至
之內長若如春□□□不為矯飾以禮遇□再户庭
且有子克服其□□□□□□□□□□□□
笑傲壺觴雅自□□□□一閒□□□□□□
周功一日立二□手前誨以□□□□□□
以遺事飢而命□□□□□人以為知命
抱微疾髣髴□□□公以
於戊戌年二月□□□□□□□公主
吳氏子男二人□八日卒於嘉熙丁酉九月二十四日室人
鄭□次適劉□□□禮娶周氏欲新未婚女三人長適里人
□□宋娉諸孤營建幽宅龜筮吉將以是
月辛亥其日丙□終奉窆事千邑之崇義鄉五都城名盛
□□□謹書而圖諸壙聊以備歲月記且
□□□□□□十一日□□□□彭

三十九、宋李慧柔壙記　嘉熙元年（1237）十一月九日

額正書四行：宋故李氏孺人壙記

繼室李氏孺人壙記 /

李氏慧柔，敷山孫遜卿之妻也，吾邑河湖鳳凰洲人。高 / 曾祖禰皆善士。嘉定甲戌，遜卿奉先君命再醮。 / 歸而勤生，儉家事尊，諧屬婦道備盡。女三人：長適 / 聳范行父，先卒；次許嫁揭伯杞；季尚幼。初，遜卿未有 / 子，先君謂遜卿：「人而無後，非孝也。汝男嗣未昌， / 理當命繼。吾觀狃甫姪幼子岳孫純重，保家子也， / 吾命為汝後。」遜卿應，唯語室人。慧柔忻然曰：「遠慮也， / 公命敢辭。」既除祔，先君名岳孫曰處厚。慧柔終始 / 教育如己子。既冠，締章氏姻。將納婦，而慧柔目疾終 / 于寢。卒哭，卜地烏坑，距先塋百步。處厚執喪盡 / 哀，襄事盡力，誠感其慈愛焉。慧柔生於紹熙庚戌二 / 月甲寅，歿於嘉熙丁酉三月己巳，葬扵是季十一月丙辰。永惟易首咸恒，詩始關雎。蓋夫婦人倫之 / 始，自昔聖人之所重者也。矧佩帨服勤，宜家助順， / 又不特如賓相敬而已，是安可無數語旨詔諸幽。 / 遜卿一慟雪涕，於是乎書。

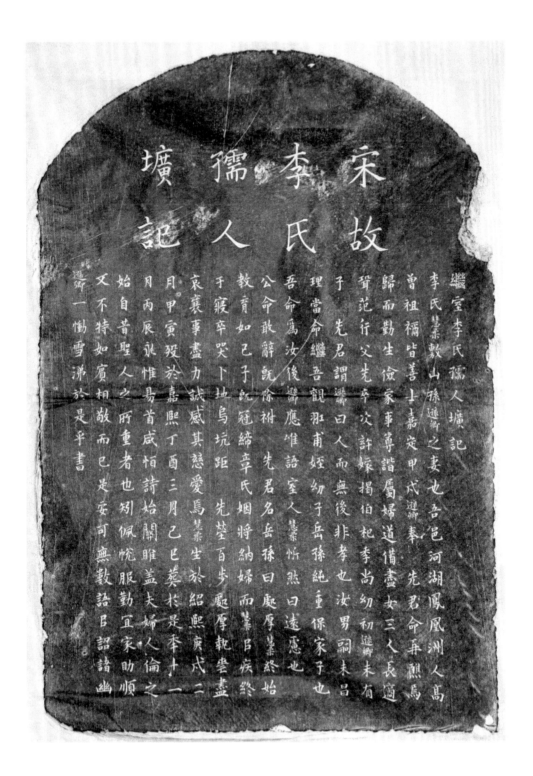

宋故
李氏
孺人
壙記

繼室李氏孺人壙記
李氏慧柔敷山孫遜卿之妻也吾邑河湖鳳凰洲人高
曾祖禰皆善士嘉定甲戌遜卿奉先君命再醮焉
歸而勤生儉家事尊諧屬婦道備盡女三人長適
賀范行父先卒次許嫁揭伯杞李尚幼初遜卿未有
子先君謂遜曰人而無後非李也汝男嗣家于也
理當命繼吾觀羽甫姪慧柔忺曰遂應也始
吾命爲汝後鄉應惟語室人名岳孫曰處厚纂裕始
公命敢辭既除衲先君氏姻將納婦而纂呂疾終
教育如己于冠締章氏姻將納婦而纂呂疾終
于寢卒哭卜地烏坑距先塋百步斸厚執彗盡
哀襄事盡力誠感其慈愛爲焉生於紹熙庚戌二
月甲寅癸歿於嘉熙丁酉三月己巳藥枯是季十一
始自首聖人之所重者也死佩帨服勤宜家助順
又不特如實相敬而已是安可無數語昌詔諸幽
遜卿一慟雪涕於是平書

四十、宋夏克誠墓記　嘉熙三年（1239）十一月十九日

額正書一行：宋故夏君墓記

先君諱克誠，字功懋，姓夏氏。世居豫章豐城之鐸原。曾祖 / 考元吉，祖考文炳，先君其仲子也。天性溫粹，容貌端莊。 / 祖母汪氏年逾八表，承顏養志，得其懽心，睦族以和，待人以 / 禮，交朋友以信。事涉是非，縮舌不語。公門非戶，當徭役則不入。 / 延師訓子，闢產植桑，旦旦不倦。由是，生理優裕，每推其羨以 / 賙里鄰。尤喜奉佛，晨香夕燈，翻誦貝葉，寒暑不懈。待婚聘甫 / 畢，宅宇奐然鼎新。正宜永享遐齡，庶俾元壽，得盡子職。夫何 / 天不憖遺，遽奪其數之速耶。嗚呼痛哉！尚忍言哉！先君生 / 於淳熙丁未十一月十三日，卒於端平丙申十一月十六日， / 得年五十。娶范氏，克勤內助，先二十一年卒，續娶甘氏，恪守 / 婦職。子男一人，元壽，娶同邑王氏。女一人，適臨川進士江德 / 仁。孫男二人：顯孫、顯妹。子女皆范氏所育。元壽卜以嘉熙己 / 亥十一月十九日甲申，奉柩附葬于鈴坑高祖妣黃氏孺 / 人壙右。其山來自南離，轉于申庚，坐兊向夘，水流寅甲，驗於 / 已往，終然允臧。尚惟山神嚴加守護，呵禁不祥。俾亡寃安 / 妥，子孫昌熾。則春秋祭祀，尔神亦與享之。元壽痛念 / 先君行己大槩不可泯沒，謹摭其實，刻石以藏諸幽，併告于 / 茲山之神。孤子元壽泣血百拜謹書。親末富春孫瑾填諱。

宋故夏君墓記

先君諱克誠字功懋姓夏氏世居豫章豐城之謐原霤祖
考元吉祖考文炳先君其仲子也天性溫粹容貌端麗以
祖母汪氏年逾八秩歌顏養志得其心睦族以和待人以
禮交朋以信事我匪躬縮居不佞戶當役則不入以
師訓子闇產植桑旦旦不倦由是生理優裕每權其羨以
明里御大嘉俸多登糴貝葉寒暑不慚遠婚娉育
澤宅守退然所新正昌永尋遷齡倍元壽得盡子職夫何
天不憖遺遽奪其數之速耶嗚呼痛哉尚忍言哉　先君生
於淳熙丁未十一月十三日卒於端平丙申十一月十六日
得年五十聚范氏克勤內助先二十一年卒繼聚甘氏恪守
婦職子男一人元壽聚同邑吳氏女一人適臨川進士江德
仁孫男二人顯孫顯妹子女皆范氏所育元壽卜以嘉興己
亥十一月十九日甲申奉柩附葬于申庚坐寅向水流寅甲驗於
壙右其山來自南轉山神巖加守護呵禁不祥俾它盜寇於
妾子孫終然允藏尚惟孫祀爾神亦與享之元壽痛念
已往孫昌熾則春秋謹掇其實刻石以藏諸幽伴告于
先君行已大繫不可泯沒百琲謹書親末富春孫瑾填諱
茲山之神孤子元壽泣血

四十一、宋祝氏壙記　淳祐三年（1243）閏八月十八日

額篆書四行：有宋孺人祝氏壙記

先妣孺人祝氏，饒之餘干人，繼室於先君四十餘年矣。／睦族姻，喜賓客，憐貧邮病，不以疏戚異其心。非德性慈仁、／器識高遠，能如是乎！先君前十五年卒，安常奉事無／違，方將與孫枝日戲綵於堂萲之傍，以娛其壽。而孺人／遽以危疾告，侍藥累日，竟莫能起之。嗚呼！孺人於我雖／無劬勞之恩，而兩為我娶，愛護曾孫，不翅己子，謂無恩／可乎。今雖欲報，如數盡何。唯當囑諸曾玄，歲時伏臘，事／之如事生耳。孺人生於淳熙壬寅正月十三日寅時，卒／於淳祐癸卯三月十有二日，享年六十有二。安常即其／子也。孫男一人，曰紹祖，娶董氏。孫女一人，尚幼。曾孫三／人，曰子慧、子柔、子定。曾孫女一人，曰珠娘。皆其平時所／鍾愛者。茲卜地於近莊曰蛟塘，砌築塋牆如治命。以是／年閏月十八日壬辰安厝，其中將擗坎，敬以片石刻藏／月云。孤哀男張安常謹誌。

壙記藏於江西省鷹潭市博物館。

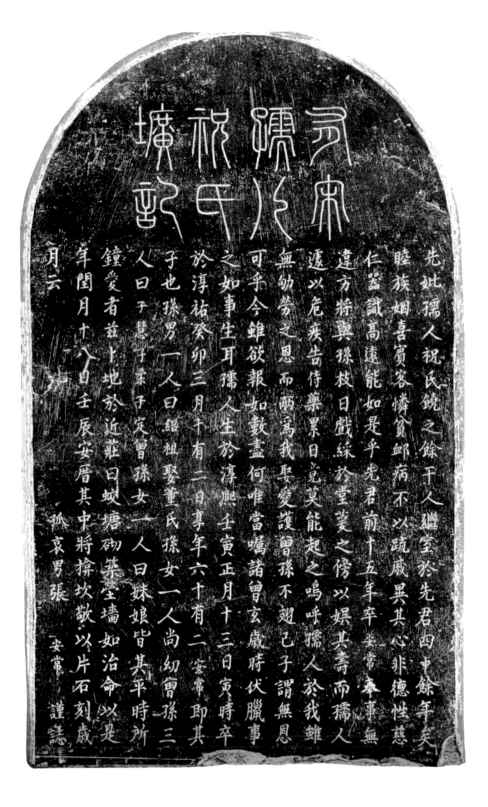

宋祝孺人壙記

先妣孺人祝氏諱饒之餘于人繼室於先君四十餘年矣

睦族姻喜賓客憐貧郵病不以疏戚異其心非德性慈

仁豈識高遠能如是乎先君前十五年卒妾常奉事無

違方將與孫枝日戲綵於堂蔑之傍以娛其壽而孺人

遽以危疾告侍藥累日竟莫能起之嗚呼孺人於我雖

無劬勞之恩而兩為我娶愛護曾孫不翅己子謂無恩

可乎今雖欲報如數盡何唯當囑諸曾玄歲時伏臘事

之如事生耳孺人生於淳熙壬寅年六十有二安常即其

於淳祐癸卯三月初二日事年六十有二安常即其

子也孫男一人曰紹祖娶董氏孫女一人尚幼曾孫三

人曰于慧子素子定曾孫女一人曰妹娘皆其平時所

鐘愛者茲卜地於近莊曰蛟塘砌築塋墙如治命以是

年閏月十八日自壬辰安厝其中將擗坎歛以片石刻歲

月云　　　　　　　　　　　孤哀男張　安常謹誌

四十二、宋雷氏壙記　淳祐四年（1244）十月十八日

額正書一行：有宋承務郎女雷氏壙記

氏生雷門，家南城疊石。父／封承務郎，致仕歸州知府之猶子。門／儒學，家法嚴齊。女居其間，知所敬戒。氏／及笄，適里中黃均。奉舅姑孝，處娣姒順。／夫亡，携孤植業，克自勤儉，三遷其廬，輯／睦族里。保全活計，撑拄公私，皆氏力也。／男二人：長寅；次男敏孫，娶徐氏。孫一人／霆發，娶江氏延孫賤女。氏生扵乙未七／月初一，卒扵壬寅良月乙丑日。卜葬于／本鄉丁山八十源，坐庚向甲。取甲辰十／月十八乙酉日窆。兄文林郎、信州弋陽／縣丞、兼監寶豐鎮登雋作記，以納諸壙。

四十三、宋阮氏地券　淳祐四年（1244）十月二十九日

額正書：地券

　　維皇宋淳祐四年十月戊辰朔越 / 二十九日丙申，哀子楊如松、如桂、 / 如樟敢昭告于楊坑之此神曰：切 / 惟此山今玎其實自龍會雙峯發 / 龍，歷朱家幛而至于此。乹亥發蹤， / 丑艮出面，坐寅向坤。面揖貪狼 / 之水，帰于巳巽。龜筮協從，迺奉我 / 亡母夫人阮氏安厝于此。青龍左 / 蟠，白虎右踞，朱雀前翔，玄武從聳。 / 既封之後，神必擁護，不童不涸， / 永守封固。異時展霜露，祠春秋，蓋 / 將以答神之庥。謹告。

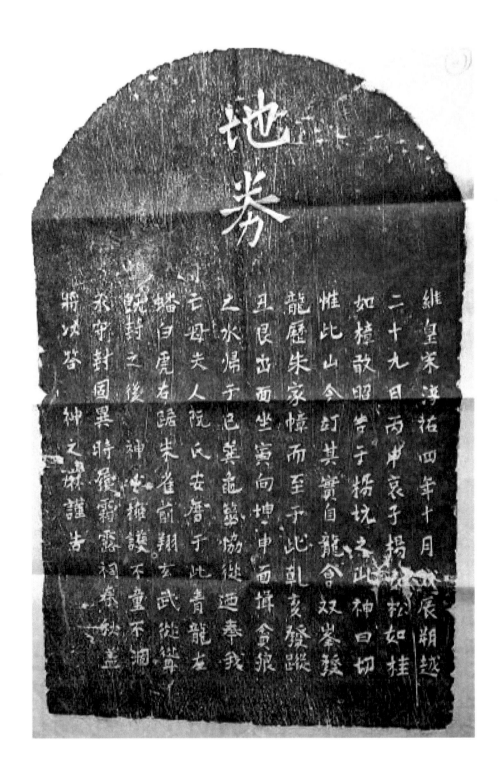

四十四、宋干氏壙記　淳祐九年（1249）三月十日

　　額正書四行：有宋亡室干氏壙記

　　予初娶張氏，不幸張氏蚤世，一兒一女皆幼。未幾，有 / 曰干氏女為予續絃，遂成親焉。甞辛卯十一月□□ / 干氏來歸，覘其懿性，慈淑勤儉，始焉皆曰賢，吾斯之 / 未能信，已而果然。昔為予長女十娘選婿，得王宗壽 / 仁甫，亦因親而親也。女甥安娘，干氏極保惜之且憐。 / 予長子淵廣為擇配，迺淂謝氏。自納采至于親迎，六 / 禮畢，周中□□□真慈母也。戊申子月二十四有日， / 為淵畢親後四夕，忽淂腹心冷氣之疾。臘月十七日， / 遽命予及兒婦女壻與其嫡子卓、嫡女福娘、寶娘来 / 前囑咐，言未訖，終于正寢，行年纔三十有五。予捐金 / 淂地扵本邑善政二都咸陽里泥江下弦余家培之 / 原。卜淳祐九秊歲在己酉季春初十日壬午良利，爰 / 安厝之。夫何文炳明甫悲悼之餘，因摭實而刊於石。

有宋
亡室
干氏
壙記

子初聘張氏不幸張氏蚤世一兒一女皆幼

目干氏女為子續絃遂成親焉昔辛卯十一月

干氏來歸覘其甚性慈淑勤儉始為子長女十娘選婚得王宗壽

仁甫未能信已而果然也女壻安娘干氏極保惜之且憐

干氏自納采至于親迎六

真慈母也戊申子月二十有四日

禮畢親迎四夕忽得腹心絞氣之疾臘月十有七日

遷命于及兄婦女壻與其婿子卓嫡女福娘寶娘來

前囑付言未訖終于正寢行年纔三十有五子拾金

得地於本邑善政二都咸隅里泥江下弦余家捨之

原卜淳祐九季歲在己酉季春初十日壬午良利爰

安厝之夫何文烱明甫悲悼之餘因摭實而刊於石

四十五、宋干氏地券　淳祐九年（1249）三月十日

額正書三行：宋故干氏地券

　　皇宋江西臨江軍新淦縣文昌坊街南居住何 / 文炳妻干氏享年三十五歲，不幸於戊申年十 / 二月十七日得疾辭世。今用錢取置得本縣善 / 政鄉二都咸陽里泥江下弦余家垟陰地一穴， / 亥山來龍作巳向。卜取己酉淳祐九年三月初 / 十日壬午良利，安厝文炳亡室干氏靈柩于此， / 占作萬年山宅。謹書地券，刊諸石。昭告于 / 當山土地大王、 / 一切龍神禁將， / 壙中一切靈祇。伏望 / 保庇干氏屆此，山間平吉，仰諸邪祟不淂妄行 / 侵占，有害亡魂。次 / 保文炳家道興隆，子孫昌盛。凢諸運用，陰仗 / 護持者。即月日，何文炳書。

宋故

干氏

地券

皇宋江西臨江軍新淦縣文昌坊街南居住何
文炳妻干氏享年三十五歲不幸於戊申年十
二月十七日得疾辭世今用錢取置得本縣善
鄉二都咸陽里泥江下弦余家塔陰地一穴
政和二都咸陽里泥江下弦余家塔陰地一穴
亥山來龍住己向卜取己酉溥祐九年三月初
十日壬午良利安厝文炳亡室干氏靈柩于此
占作萬年山宅謹書地券列諸石昭告于
當山土地大王文炳亡室干氏靈柩于此
一切龍神禁將
曠中一切靈祇伏望
保庇干氏屋此山間平吉仰諸邪祟不得妄行
侵占有害亡魂次
保扶文炳家道興隆子孫昌盛九諸運用陰伏
護持者　　　　　一即月　日何　文炳書

四十六、宋傅文炳墓記　淳祐十年（1250）九月二十一日

額正書一行：宋故傅公墓記

宋故先君傅公墓記 /

先君諱文炳，世居撫之崇仁禮賢鄉之井坑。曾祖倜，祖悅，父俞，/ 潛德不曜，俱力夲，以勤儉致富。唯先君克紹先業，生理日廣。/ 賦性醇厚，間居詔予而語曰：「汝等㓜事侈靡，習學習畊，冝加勤 / 篤，以廣前規，我所願也。」里閈歲有少歉，頗有餘粟，不俟假貸而 / 周急之。晚歲崇奉釋書，修西方淨土。人也不幸，一旦遽嬰微疾，/ 未逾月，不起于正寢。聞者莫不流涕，悽慘而傷悼焉。先君生 / 扵紹熙壬子之七月，卒扵庚戌之上秋，享年五十有九。娶 / 章氏，生子二人：長汝舟，娶何氏；次汝楫，娶胡氏。孫男二人：子祥、/ 子政，皆髫齓。今卜是年九月甲申良利，浔陰源之地而安厝之。/ 坐丑艮，向坤未，山環水遶，必能蔭溢後人。孤子汝舟、汝楫不敢 / 求記于識者，泣血再拜，謹書其大槩，藏歲月于壙云。

宋故先君傅公墓記
二

先君諱文炳世居撫之崇仁禮賢鄉之井坑曾祖個祖愷父兪

潛德不曜俱力本以勤儉致富唯　先君克紹先業生理日廣

賦性醇厚間屢詔予而語曰汝等習學習辨宜加勤

舊以廣前規我所願也里閈歲有少歉頗有餘粟不俟假貸而

周急之晚歲崇奉釋書修西方淨土人也不幸一旦遘嬰微疾

未逾月不起于正寢聞香莫不流涕懷慘雨傷悼焉　先君生

扵紹熙壬子之七月卒於淳祐庚戌之上秋享年五十有九娶

章氏生子二人長汝舟娶何氏次汝楫娶胡氏孫男二人子祥

子攻皆幼亂今卜是年九月甲申良利得陰源之地而安厝之

坐丑艮向坤泰山環水遠必能陰溢後人孤子汝舟汝楫不敢

求記于識者謹血再拜謹書其大顒職歲月可壙云

四十七、宋彭宗范壙記　淳祐十一年（1251）閏十月二十八日

額正書四行：有宋盤松彭君壙記

　　君諱宗范，字景惌。一名宗老，字景壽。盤松乃其自為 / 號也。曾祖德厚，宣義郎、監南恩州鹽場。祖震，開禧乙丑 / 進士，仕通直郎、廣東運幹。父師愈，隱德弗耀。君先 / 世潮陽，生於新淦，岐嶷夙成，祖鍾愛之，未冠不 / 天。母 / 婁氏亦出名族，教育謹嚴，居然偉器。壯志未遂，/ 脾疾大侵。淳祐庚戌六月十四日卒，遡其生也，紹定戊子 / 六月十七日，享年二十三。娶同邑楊氏。子男名嗣定，/ 女辰娘，二幻。以辛亥歲閏十月二十八日甲申，奉君 / 匶葬于安國鄉西津里上營之原，距所居十餘里。永 / 失同氣，手足焉依。嗚呼痛哉！兄國學進士彭炳龍記。

有宋
盤松
彭君
壙記

君諱宗范字景慈一名宗老字景壽盤松乃其自肖
號也曾祖德厚宣義郎監南恩州鹽場祖震開德乙
丑進士仕通直郎廣東運幹父師念隱德弗耀君光
世潮陽生於新淦岐嶷夙成祖鍾愛之未冠不天母
妻氏所出名族教育謹嚴居然偉器壯志未遂胼痕
大隄淳祐庚戌六月十四日卒距其生也紹定戊子
六月十七日享年二十三娶同邑楊氏子男名開頤
女辰娘二幼以辛亥歲閏十月二十八日甲申奉君
匶葬于安國鄉西津里上營之原距所居君十餘里宗
失同氣羊足爲挍嗚呼痛哉兒國學進士彭師龍記

四十八、宋何氏壙誌　寶祐四年（1256）十一月十五日

額篆書四行：有宋夫人何氏壙誌

夫人姓何氏，台之臨海嚴山人，生□□□／己亥三月二十一日己卯，卒於寶祐丙辰／十一月十五日壬寅。子起宗、起潛奉匶莖／于小盤谷之原，距家纔二里。維君相我以／勤儉，教子有法度。樂周人急，勇行好事。人／謂予有賢助也！女適進士王時亨、陳各茂、陳乙檽、徐振，孫男九人：璋；次瑞，蚤古；珤；璵；／琦；瑾；珪；璪；璠。女適宗學進士趙必庚。世續／繁滋，君之德也。婆娑晚景，正欲相怡愉，而／何遽棄去予邪？悲哉！夫吳郡張皓誌。

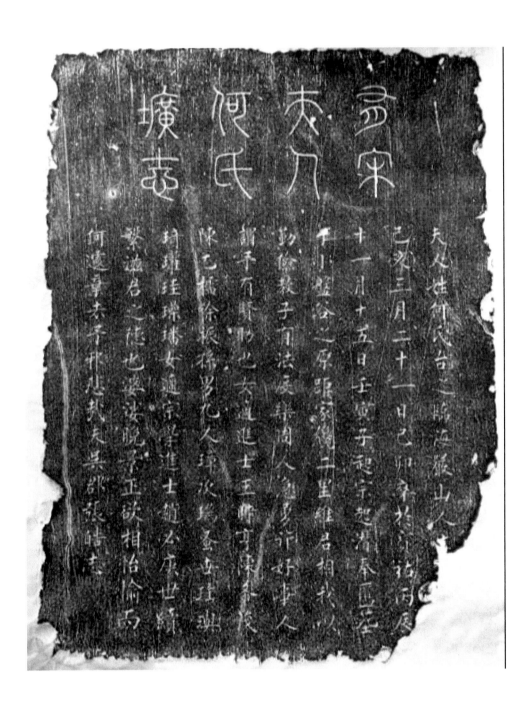

四十九、宋熊氏墓券　寶祐五年（1257）三月十六日

額正書四行：有宋孺人熊氏墓券

維／皇宋宝祐五年歲次丁巳三月丁亥朔越十六日壬寅，／撫州臨川縣明賢鄉金坑里壇田之石巷孤哀子徐允／文泣血再拜，敢昭告于后土五方之山神曰：／先妣生於戊辰二月十六子時，歿于乙卯五月初八日，／壽年四十有八。生男一人，娶付氏。其付氏又継次年而／亡。女一人，適于豐城姚宅。孫女一人，尚幻。今得吉卜于／黃蜂之嶺，乃新娠付氏之同塋。其地自諸山發脈，由佛／嶺分枝而來。坐丑艮，向未坤。山清水秀，實堪為／先妣歸窆之地。東止甲乙，南止丙丁，西止庚辛，北止壬／癸，中鎮戊巳。朱雀導前，玄武擁護，青龍、白虎回顧左右。／託二十八宿之照臨，列三十八將之輔助，秋丞墓伯謹／乃守護。恐有山精水怪、魑魅魍魎敢行肆侮，惟仗／爾神為吾悍禦。俾幽壙清靜，亡覓安妥，克昌厥後，垂／祐慶衍於子子孫孫。春秋祭祀，敢昧神之所賜。謹告。

有宋
孺人
熊氏
墓券

維皇宋寶祐五年歲次丁巳三月丁亥朔越十六日壬寅

撫州臨川縣明賢鄉金坑星壇甲之石巷孤寮于徐元

文泣血再拜謹告于

皇宋寶祐五年歲次丁巳二月十六子時歿于乙卯五月初八日

先妣姚氏生於戊辰二月十六子時歿于乙卯五月初八日享年四十有八男一人娶付氏又繼次年而

一女一人適于豐城姚宅孫女一人尚幼今得吉卜于

黃蜂之嶺乃生乙艮向未坤之同塋其地自諸山發脈由佛

而来坐乙艮向未坤山清水秀實葬吉

先妣歸竁之地泉山甲乙青山丙丁西山庚辛比山壬

癸中鎮戊己朱雀前玄武擁後青龍白虎回顧左右

乞二十八宿之躔列三十八將之輔助立亥墓伯謹

爾神勿吾惶禩仁此墳塋慇懃敢行進伯淮伏

祐慶衍子子孫孫春秋祭祀敢時

神之所賜謹告

五十、宋饒四十公地券　開慶元年（1259）二月十日

　　額正書一行：地券

　　維皇宋歲次開慶元年二月初十日甲申，為本貫撫州臨／川縣長安鄉長安里一百都潭源後坑保居住，奉佛孝／妻吳氏五娘，男饒宗富、宗明、立成、宗尚、宗才，媳婦李氏二娘、／王氏，男孫勝偭、勝弟、勝三，饒妹、勝妹、饒氏一娘、饒氏二娘、饒／氏四娘、饒氏五娘、六妹，孝眷等。即有亡父饒四十公元命壬／寅六月生，享年七十八歲。於正月二十八日，因往南山採藥／回歸，有遇仙人賜酒一盃，因醉而死。今憑青鳥白鶴仙人尋／到乹亥山来龍陰地一穴，坐壬作丙向。用銀錢九千九百貫／文，於開皇地主買下其地，安葬萬年塚宅。東止甲乙，南止／丙丁，西止庚辛，北止壬癸。上止青天，下止黃泉。中有一穴，亡／者止到，永為祖業。下界鬼神古墓，不得徔亡爭占，如有爭占／者，天官道士施行。蔭益子孫，代代昌盛冨貴。牙人張堅／固，保人李定度。

地券

維
皇宋歲次開慶元年十二月初十日甲申為本貫撫州臨
川縣長安鄉長安里一百都潭源後坑保居住奉佛孝
妻吳氏五娘男饒宗富宗明立成宗尚宗才媳婦李氏二娘
汪氏男孫勝俚勝弟勝三饒妹勝妹饒氏一娘饒氏二娘
孫四娘饒氏五娘六妹孝眷等即有亡父饒四十公元命壬
寅六月生享年七十八歲於正月二十八日因往南山採藥
回歸有遇仙人賜酒一盃因醉而死今憑青烏白鶴仙人尋
到乾亥山來龍陰地一穴坐壬作丙向用銀錢九千九百貫
交於　開皇地主買下其地安葬萬年塚宅東止甲乙南止
丙丁西止庚辛北止癸上止青天下止黄泉中有一穴亡
者止到來為祖業下界鬼神責基不得狂言爭占如有爭占
者天官道士施行蔭益兒男子孫代〈二昌盛富貴于人張堅
固保人李定度

五十一、宋劉氏壙誌　景定元年（1260）七月二十六日

額篆書三行：孺人劉氏壙誌

孺人劉氏，世居臨川之東鄉。嘉定癸未，歸于／我。勤儉嚴整，恪守婦道。以孝奉舅姑，以和處娣／姒。兒女則均其愛，臧獲則待以恩。布置家規，井／井不紊。正謂得此內助，期以偕老。夫何婚嫁未／畢，乃以中壽逝去，惜哉！嘉泰壬戌十月之初十／日，生之季也。寶祐丁巳三月之初七，死之日也。越／三歲，景定庚申，得吉兆于長豐嶺之陽，兌山卯／向，去家一望而近。以七月二十六日壬辰，舁柩／葬焉。子男二：長宗壂，娶諸氏；次仲璋，未婚。女二：長嫁／同里進士萬處仁；次締饒州餘干進士章一鳳姻，孺／人不及命嫁矣。孫二：恩弟、靜娘。此其大畧也。姑／摭以紀歲月而納諸壙。孝夫俞應泉抆淚敬書。

壙水

劉氏

壙楛

孺人姓劉氏世居臨□之某鄉嘉定癸未歸于

城勤儉嚴整恰守婦道以孝奉舅姑以和處娣

姒兒女則均其愛藏簇則待以恩布置家規幹

井不紊正謂得此內助期以偕老夫何婚嫁未

昆乃以申壽遊去惜哉嘉泰壬戌十月之初十越

生之季也贊祐丁巳二月之初七死之日也越

三歲景定庚申得吉兆于長豐嶺之陽兌山卯

向姑家一望而近以七月二十六日壬辰穸柩

龔焉子男二長蘷婆譜次僅汞婚女二長嫁

同里進士萬器次繚饒州□午進士章奭姻孺

人不及俞嫁矣孫二恩第靜娘以其大墨也姑

孫以紀歲月而納諸壙　孝夫俞□在拉泪敬書

五十二、宋劉百四評事地券　景定二年（1261）正月十一日

額正書一行：地券

維皇宋景定二年歲次辛酉正月 / 癸亥朔越十一日癸酉，孝孫劉士明 / 敢昭告于 / 蒼山后土之神曰：曩先祖考百四評 / 事傾逝，今陰陽家流來相茲土。乃發 / 龍於丑艮，坐癸向丁，山水回環，龜筮 / 叶從。以是日移先祖靈柩歸窆于 / 此，冀自今既葬之後，惟尔有 / 神呵禁不祥。俾我祖考永奠茲土， / 啓我後人，有隆無替。士明等歲時展 / 省，敢不恪奉酒幣，以答 / 神貺。矢心以詞，尚祈 / 昭鑒。謹券。

券地

昭神省啟神此叶龍事右蒼敢癸維
鑒呪敢我呵奠從於順之山昭亥皇
謹敢不後禁自以丑逅神告湖宋
券失格人不今是艮令曰于越景
　心奉有祥既日坐陰景　十定
　以酒隆俾葬務發陽以　一二
　詞帶無我之先向家先　日年
　尚以替祖後祖丁流祖　癸歲
　祈答士考惟靈山來考　酉次
　　　明永爾柩水相百　孝辛
　　　苧奠有歸回茲四　孫酉
　　　歲茲定環土評　劉正
　　　骄土　于龜乃　士月
　　　晨　　筮發　明

五十三、宋范伯廣父母地券　景定三年（1262）正月三日

額正書一行：地券

維皇宋景定三年歲次壬戌正月 / 戊午朔越三日庚申，孤哀子范伯廣、 / 伯定敢昭告于銀坑后土諸神曰： / 立圮來龍，驥嶺發蹤。鹿坡過脉，起伏 / 綿亘。祐前面異，水流于左。卩諸陰陽 / 家曰，宜是為我考妣千萬年藏魂 / 之域。今奉枢於斯，遵治命也。若夫呵 / 禁弗祥，毆斥方良，尔神之所以福 / 先靈也。春秋祭祀，其與享之。後嗣之 / 所以荅尔神也。勉之哉，毋忽。謹 / 券。

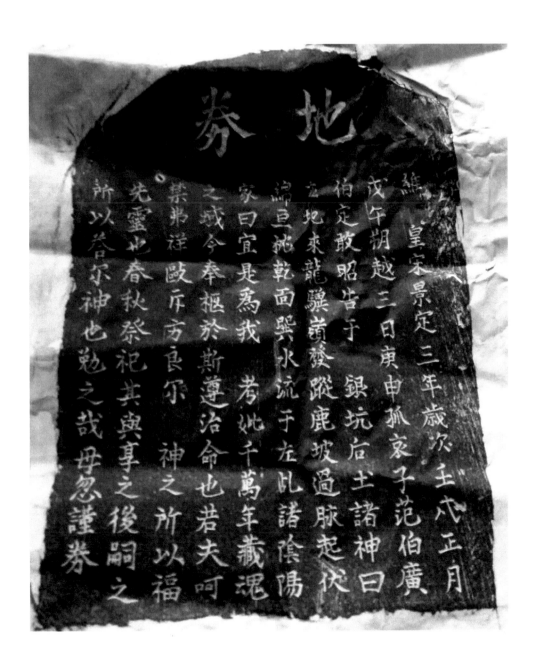

地券

維皇宋景定三年歲次壬戌正月
戊午朔越三日庚申孤哀子范伯廣
伯定敢昭告于銀坑后土諸神曰
地來龍驪嶺發蹤鹿坡過脉起伏
端巨砂乾面巽水流于左凡諸陰陽
家曰宜是為我考妣千萬年藏魂
之域今奉柩於斯遵治命也若夫呵
禁弗祥啟斥方良尔神之所以福
先靈也春秋祭祀其與事之後嗣之
所以答尔神也勉之哉毋忽謹券

五十四、宋熊文忠墓誌　景定三年（1262）十一月

額篆書二行：熊公墓誌

公姓熊氏，諱文忠，臨川積善鄉人也。曾祖呉，祖安邦，父子政。公 /
生於嘉定之己邜，卒於景定之壬戌，享年四十有四。公妻 / 周氏，生男三人，
女一人。長曰世茂，次曰世盛，次曰世昌，女曰元 / 娘。公方當幼孝之年，
天資俊爽，性格溫柔。難兄奇之，稟于偏親， / 命以為子。及其長也，汪汪
然，面有春風。洞洞乎，心涵秋月。事上 / 以敬，接下以寬。信以結交，和以
睦族。公家事業，鞭箠殆至。于公 / 則爭財賦之柄，司出內之權。優於幹運，
巽踵白朱。方圖買鄰，徐 / 謀卜宅。未遂其志，而竟以寢疾不起，抱恨九泉。
所無憾者，賴有 / 令器，或能継焉。公之宅兆已卜吉，于宜川仙桂下南之彭
坊，亦 / 公存日之所自相也。日月叶吉，襄事奉終，謹誌于壙。其辤曰： /

九天蒼蒼，九原茫茫。埋玉何所，下南彭坊。 / 坐乹向巽，山高水長。
子孫蕃衍，福禄熾昌。 /

皇宋景定三年歲次壬戌十一月日誌。

公姓熊氏諱□忠臨川積善鄉人也曾□祖□邦父于政公

生於嘉定之己邜卒於景定之壬戌享年四十有四公娶

同氏生男三人女一人長曰世茂次曰世盛次曰世昌女曰元

娘公方當幼孝之年天姿俊爽性捨□溫柔難兄弟之畫□于偏親

命以為子及其長也汪然囿有□風洞洞乎心涵秋月事上

以敬接下以寬信以結交和以睦族公家世業韜筆迨至三十公

則象胥賦之柄司出內之權優游於幹運重趼白朱方圖□鄰德

諒卜宅未遂其志而竟以寢疾不起抱恨九泉所無憾者擒有

令嗣或能継焉公之□□□已上吉于宜川仙桂下南之原坊□祢

公存日之所目相七日月叶□□□□□□□

九天瓷倉　九原諸壮　埋玉何所　下南言坊

□凱向巽　山哥水長　子孫蕃衍　福祿臧昌

皇宋景定壬戌歲次□十一月□□日誌

五十五、宋羅七五宣義地券　景定三年（1262）十二月二十日

額正書一行：地券

維皇宋景定三年十二月癸 / 丑朔越二十日壬申，奉 / 先君七五宣義靈柩葬于 / 丁城山之陽，謹昭告于 / 山神曰：龍發乎株嶺，勢正 / 乎丁城。辛山乙向，山奇水 / 清。銀墩應後，青龍左縈。白 / 虎右踞，金山前迎。如斯吉 / 地，子孫昌榮。富貴裒裒，無 / 負幽冥。土妖木怪，魍魎之 / 精。伏神呵護，惟爾有靈。春 / 祆祭祀，與饗云誠。孤子羅 / 從龍、士龍泣血謹告。

五十六、宋姚一娘地券　咸淳三年（1267）六月十一日

　　維皇宋咸淳三年六月丁／巳朔十一日，即有孝男王六、／新婦尹氏四娘、孝孫等。伏為／亡母姚氏一娘享年六十七歲，／不幸於今月初九逝世。今僱銀／錢一阡貫，就南坑白以祖墳边／開皇地主／乙南止丙。／止青天，下止黃泉，中是亡人塚宅。／保見者堅固仙人，書契者天冠道／士。常垂不盡之麻，慮防人鬼所違，／因立券文而照證。

五十七、宋李氏地券　　咸淳四年（1268）十二月三十日

額正書一行：地券

維皇宋咸淳四年戊辰歲丑月晦丙午，登賢／鄉萬春里谿東保居孝男陳碩，謹昭告于同里／小坑之神而言曰：吾母李氏六十九歲，往省外／家，遽以疾逝。寄柩其堂，豈云得已。治命有言，小／坑之阡，祖妣葬是，死其附焉。二月而葬，其期勿／愆，蓋棺事定。爰遵治命，相地于斯，果協休證。坐／丁向癸，乃穴之正。兄穎疾戾，不克襄事。碩雖無／庸，敢不盡瘁。吉日丙午，龜筮叶契。爰奉吾／母，以葬斯土。賴神之霶，以翼以輔。各鎮方隅，／山靈按堵。邪精魑魅，敢干禁忌，神其殛之。俾／知退避，庶幾存亡，兩皆吉利。亡魂妥安，後人富／貴。子子孫孫，春秋祭祀，神預享焉。百千萬世。謹告。

地券

維皇宋咸淳四年戊辰歲曰月晦兩午登賢

鄉萬春里豁東保居孝男陳碩謹昭告于同里

小坑之神而言曰吾母李氏六十九歲往省外

家遽以疾逝寄柩其堂豈云得已治命有言小

坑之阡祖妣葬其附焉二月而葬其期勿

懲蓋棺事定爰邊治命相地于斯果愜休證坐

丁向癸乃穴之正兄穎疾戾不克襄事碩雖無

庸敢不盡瘁吉日丙午龜筮叶契爰奉吾

每以塋斯土頼神之霛以翼以輔各鎮方隅

山霛按堵邪精魍魅敢干禁忌神其殛之俾

知退避庶幾存亡兩皆吉利亡魂妥安後人富

貴子〻孫〻春秋祭祀神預享焉百千萬世謹告

五十八、宋樂氏地券　咸淳六年（1270）五月二十一日

額正書一行：樂氏地券

維皇宋咸淳六年歲次庚午五月朔庚子越二十／一日庚申，有大宋國江南西道撫州宜黃崇賢霍原／信女樂氏辛乙小娘子，夲命九月初六日戌時建生。／適同邑西門嶺曹埜。生男一人，名壽孫。女三人：延娘、／足娘、滿娘。享年三十有六，不幸於咸淳三年五月二十八／身故。因去南山採藥，遇仙人賜酒一盃，因此命返泉鄉。／遂用錢九万九千九百貫，就開皇地主名下買得陰／地一穴，在崇賢三都石窟原，作坤山艮向。東至甲乙，／西至庚辛，南至丙丁，北至壬癸。上至青天，下止黃泉。安／葬樂氏在內，仍亡人在身衣服等，不許山神妄有侵／害，違準太上律令。

何人書，海中魚。／何人鑿，天上鶴。牙人張堅固，證人李定度。

樂氏地券

維 皇家咸淳六年歲次庚午五月朔庚子越二十
一日庚申有大宋國江南西道撫州宜黃崇賢霍源
信女樂氏辛乙小娘本命壬辰九月初六日戊時建生
適同邑西門嶺曹垱生男一人名壽孫女三人處娘
足娘蒲娘享年三十有六不幸於咸淳三年五月二十八
身故因去南山採藥遇仙人賜酒一盃因此命返泉鄉
送用錢九万九千九百貫就開皇地主名下買得陰
地一穴在崇賢三都石窟原作坤山艮向東至甲乙
西至庚辛南至丙丁北至壬癸上至青天下至黃泉安
葬樂民在內仍亡人在身衣服等不許山神妄有侵
害違準 太上律令

何人書海中魚

何人鑒天上鶴　　牙人張堅固　　證人李定度

五十九、宋士林壙記　咸淳八年（1272）三月

　　先君諱士林，字德辰。生於 / 孝廟淳熙十六年己酉八月十五日子時，享世蓋八十有一，歿於咸淳五年己巳正 / 月二十八日。先君生男二人：長男克俊，娶安和謝氏；次男克仁，娶清溪江氏。女二 / 人：長女事渝南三都院前胡幼廣；次女事新淦縣五十二都里均羅直甫。亡母周氏 / 正葬其里，地名上連陂，午山子向。長男位一孫，名炎發，已兩中上庠。次男位二孫：長 / 魁孫；次童孫。俱紹箕裘，習儒業。先君傾逝之時，二男二女並在身傍，泣血閉殮，承 / 重服。至次年庚午仲冬四日，次男克仁遽以疾沒。至辛未孟夏，長女六娘又以氣疾 / 亡。今先君靈柩惟長男克俊與次女七娘暨三孫息等扶護，安葬於本里章公坑。 / 作丑癸山丁未向，回龍顧祖之地。此穴吉地，係長男克俊受分山地。但以次男既沒， / 二姪室罄力弱，長男矜泣，恐負不孝，亟以受分吉地安厝先君，庶使存沒並受安 / 平之福。先君以南谷二字志韋佩，友朋遂稱南谷居士。仰考族譜，係由淦邑清水 / 圳上徙居渝南十都大茂山。正泒屬秋字位，尚書正臣之裔，知丞承奉之二世孫。 / 先君篤志詩書，處性溫厚。和於鄉鄰，睦於長幼，遠近俱以長者稱。遺子及孫惟以一 / 經。克俊等不肖不才，不能副先君之重望，中心負咎，實有覷焉。謹泣血百拜，聊記 / 行實之一二。不敢緣大手筆以飾辭，惟我先君幽冥堅在，表章百世而不朽也。 /

　　大宋咸淳八年太歲壬申三月日，孤哀子克俊泣血拜，手書。

六十、宋孫氏地券　咸淳十年（1274）十二月十八日

額正書一行：地券

維皇宋咸淳十年歲次甲戌十二月／癸卯朔越十有八日庚申，夫徐思義謹／昭告于／黃蘗源山后土氏之神而言曰：維山發／跡羅浮，分派橫嶺，蜿蜒起伏，由天堂峯／以至于此。氣脉融聚，酉水前朝，流入乾／亥。坐甲向庚，山明水秀，卜者曰吉。將以／我亡室孫氏孺人歸窆于茲。尚賴／爾神呵禁不祥，俾亡靈安妥，後嗣熾／昌。則春秋祭祀，神其與享之，謹告。

六十一、宋傅十四娘地券

維皇大宋国江南西道建昌軍南城縣太平／鄉三異里歿故亡過傅十四娘，行年五十五歲。／忽被二鼠侵藤，四蚘俱逼，命落黃泉。今／用銅錢白米詣就開皇地主邊求買／地一穴，坟山亥落，頭作巽向地一穴，永与亡／人為於塚宅。千年不改，万年不移，蔭益陽／間子孫。其地東至甲乙，南至丙丁，西至庚／辛，北至壬癸。上至青天，下至皇泉。其地不得／有人爭占，如有人爭占者，文契為憑。誰／為書，水中魚。誰為讀，高山鹿。／

保人張堅故。／

登人李竟度。／

書人天官道士。

六十二、宋鄭氏墓券

額隸書一行：宋故太君鄭氏墓券

相其陰陽，卜其宅兆。偶得虎形／之地，似叢龍臥之岡。雖皇地主／之所司，幸直符使之可託。用一升／之錢帛，買四止之山林。南北東西各／六十步。保見天官道士，證明堅固仙人。／百子千孫，万年冢宅。謹照。

故宋百子千孫方年公亦宅中明

太六十生得見大宋道士寵明陰陽圖伏人

君之外帛買呾正之小林方賺與父

鄭之所同年直有使之小忱圖一

氏墓之地似翠龍卧之岡坐皇地主

爰相厥陰陽卜其墓宅北惣得虎松

六十三、金重遷祖塔誌　正隆四年（1159）三月五日

大金重遷祖塔誌

沙門善篪撰。／

夫無生而生，無滅而滅，唯達者之能明。泊乎生也，色／身有家舍之所依；泊乎滅也，遺形有墳隴之所藏。此／其古間不易之道，自古不無矣。相之洪福寺文殊院／始自大宋慶曆中，以遠祖捐公等同會一塔，葬之／於城西開元寺之旁。時以大金天會四年戊申，／巨兵攻圍城壁，因乃廢焉。噫！万物無不皆有其數乎。／主僧洪論以正隆四年己卯三月初五日奉其靈骨，／改葬於西陵鄉孫平村，豎之以支提，植之以松栢，使／後世之徒不忘其歸敬。自捐至今，已四古耳。／新公將逝而有遺言，故附之於塔邊。新公乃論之／師也。論乃竭其力、盡其心以辦茲緣，人孰不欽歎之。／一日，命予作銘以記之。予既確辭不免，聊以成言。銘曰：

故墳隨數壞，新塔以時興。孝道人簽議，／真猷萬古稱。

院主僧洪論。／

并弟監院僧□□□立石。

大金重遷祖塔誌

沙門善庭撰

夫無生而生無滅而滅唯達者之能明洎乎生也色
身有家舍之所係洎乎滅也遺形有墳壠之所藏此
其必開不易之道自古不無矣相茲洪福寺文珠院
姑自大宋慶厤中以達祖捐公等同會一塔葬之
水城西開元寺之旁時以
巨兵後圍城壁因乃廢焉噫万物無不皆有其戴乎
玉僧洪論以正隆四年己卯三月初五日奉其靈骨
攺葬於西陵鄉孫平村堅之以支擾植之以松栢使
後盍远迲不忘其峸敬自捎至新令巳四岳耳
新公將逝而有遺言故附之於塔邊新公為論之
師也論乃遏其力盡其心以辦葯緣人與不歆之
一日命予作銘以記之予既確辞不免聊以成言銘曰
故墳隨鼓壞　新塔以時興　孝道久簽議
異獣萬岳稱

　　院主僧　　洪論

弟兄監院僧　　　　立石

六十四、金武珪墓誌　大定九年（1169）十二月二十一日

額正書三行：故武公墓銕銘

大金故太原武公墓銕并序，進士姪男武大用書。／

公諱珪，字君璋，陵川薤泉村人也。祖諱德，父範，皆奕世積善，茂祉流後。是以世為洪族之家，／以享薰天之冨。公鍾五行之秀氣，挺上善之奇姿。幼奉二親，尤加篤孝。事有所委，恒存／守樑之思；養有所施，惟潔採蘭之意。一旦靈根凋隕，攀泣無已；懼貟薪之弗克，嵓肯構以／為能。遂與三昆共開後利，愈大前基。及當分㯱，取戒多求。公惟計口而分田，度用而取資。／餘雖至夥，均讓於兄。豈與夫不折鍾庾之契，而取襜帷之質而已哉。厥後，公創業為心，乘／時射利。錢惟日積，奚煩鑿井之功；府無月虛，不待賜山之力。公遂庶浮雲之志，緬分財之／惠。見其貧者，則貸而與之；貧不振者，則惠而散之。故行之所踐，則慕之者如歸；言之所聞，／則應之者如響。故能德為人表，行推眾先者焉。加以忠恕行己，謙恭接人，公之門闌，常設／學校。教子慕籯金之戒，贈師嗤束脯之微。豈非智過眾人，陂澄万頃者歟！公性惟嗜飲，未／嘗曠日。然亦朝不廢事，暮不廢夕。又全知秩之能，一無濡首之失。公先娶丁壁王氏，稟性／至順，奉嬪高族。恒敦女史之規，厚承君子之渥。所出一子一女，奈何年甫五十遽然云亡。／公悲半釵之獨存，恨破鏡之難復。再娶常氏，亦遵姆教，復著賢德。不期十載，復奄重泉。／公之子曰璧，字天寶。克孝事父，鳴謙待人。每賛奇謀，佐成家道。正如蘭玉出於庭階。一女／曰五娘，適于蓋城馬宅。天且不祐，命惟夭亡。璧娶本縣李評事女七娘，所出二子一女，長曰瑗字君玉，季曰瑾。皆勤進德，／後望成名。公享年六十有六，大定九年十月二十八日終于薤泉之私弟。宗族哀慟於內，／鄉閭謠歎於外。雖悲王生之玉折，憶賀相之金貂，不是過矣。於其年十二月二十一日安／厝於村北之祖墳。悲夫！永沉玉質，深鬱佳城。名雖不煥於簡編，德亦可明於金石。遂撼／善行，式播斯銘。其詞曰：

有淑性兮惟君璋，德恭讓兮又溫良。／採陔蘭兮潔以養，承棣萼兮敬無志。惠能散兮德弥廣，澄不清兮器難量。／子可託兮無敗事，孫可教兮有義方。了無營兮安以静，庶其壽兮久且長。／何七旬兮猶未及，忽二豎兮居膏肓。鬱奇意兮意無得，入脩夜兮夜不暘。／風蕭蕭兮聲異響，雲慘慘兮色無光。去復去兮不復見，瞻脩壠兮永摧傷。／

峕己丑歲十二月壬寅日記。

據山西考古研究所、陵川縣文物局：《山西陵川玉泉金代壁畫墓發掘簡報》
（《文物》2018 年第 9 期）所刊拓片照片錄文。

六十五、金司翌地券　大定二十八年（1188）十二月二十九日

維南懷州修武縣孝廉鄉定禾村祭主 / 司翌，於村之北買塋一段，謹用錢 / 九万九千九百九十九貫文。東至 / 青龍，西至白虎，南至朱雀，北至玄 / 武。內方勾陳，分擘明堂四域。丘承 / 墓伯，封步界畔。道路將軍，整齊阡 / 陌。千秋永歲，永無殃咎。今已牲牢 / 酒飤，共為信契，財地交相分付。工匠 / 修塋，安厝已後，永保休吉。知見人 / 歲月主，保人今日直符。先有居者，/ 永避万里。若違此約，地府主吏，自 / 當其禍。急急如五帝使者。 /

大定二十八年十二月二十九日，祭主司翌券。

地券現藏於河南省焦作市博物館。

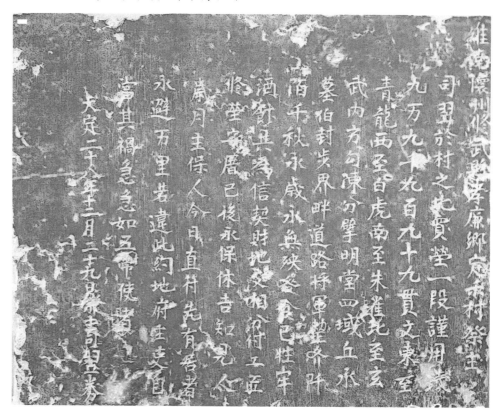

六十六、金孫進地券　承安二年（1197）二月十日

　　維屬大金國河南芝田縣弟二鄉甘庄住人孫／進扵承安二年，扵樂家庄買得墓地壹段，／安厝宅兆。謹用銀錢九千九百九十貫文兼五／彩信幣，就黃天父、后土母買得墓地一段。東／至青竜，西至白虎，南至朱雀，北至玄武。內方勾／陳，分擘長闊四域。丘丞墓封步界伴，道路經／里，整齊阡陌。千秋万載，永無殃咎。今以牲牢／酒餚百味香新，只為財地，交相分付。知／見人歲月主，保人今日直符。故氣邪精不得／忏悋。先有居知，永避万里。若違此約，地府主／使自當其禍。主人內外存亡，悉背安厝吉。／急急如五帝使者。／

　　承安二年二月初十日破土，買地人孫進。

六十七、金郭延慶墓誌　承安三年（1198）八月十九日

額篆書：故徵事郎長葛縣簿郭公墓誌銘

故徵事郎長葛縣簿郭公墓誌銘 /

奉議大夫、試武寧軍節度副使、兼徐州管內觀察事、驍騎尉、借紫金魚袋張師穎篆。 /

奉政大夫、試戶部郎中、驍騎尉、借紫金魚袋李仲略書。 /

徵事郎、德順州軍事判官李樞譔。 /

公諱延慶，字世錫，其先家於澤之晉城源漳。高祖諱純，前宋時調寧化軍司戶參軍。曾大父諱琦，大父諱 / 規，俱業儒術。父諱永堅，潛德弗仕。公自幼穉，穎悟莊厚。大父規嘗撫其背而言於親友曰：「吾閱人多矣，未 / 有如此子者，異日必興大吾門。」及長，果勤於學，博貫經傳。鄉府校藝，屢居上游。處家以經術教人，門弟子 / 中巍科者多矣。宗族中有貧乏不能自濟，從富民質其子者。公憫其然，遂以己財贖之，殊無少悋。公事父 / 母盡孝，居喪哀毀過制。藹聞鄉曲，方議其孝廉之舉。會明昌初， / 詔下有司，凡舉人四赴廷試者，特賜同進士第。公得預此選，鄉黨遂寢其議。初任涇州教授，其 / 西州邊鄙，居學生徒止五七人。公常盡誠訓誨，致李英、李守節輩相繼登第。涇民歎之曰：「真所謂破天荒 / 也。」秩滿，為端氏簿。善於從政，以寬猛相濟，裁決如流，吏民畏而愛之。會本州刺史李公與公舊契，令權廳 / 事。時值歲凶，餓殍相枕於道路。公與刺史李公議申上司，因得賑濟，所活者不可勝計。提刑體察，目公為 / 清強吏，累遷徵事郎，尋調許州長葛縣簿。公到任署事，未及期月，輿民已播其治聲。豈意宏才，位止於此。 / 承安三年五月十九日，以疾終于官，享年五十有九。長葛之民，無老無幼，莫不悲泣。其子安中護喪以歸。 / 公之夫人鄭氏，克全婦道，以承安二年二月十九日以疾終於家。一子曰安中，習進士舉，才學具贍，有父 / 風。女五人：長適李榮；次適承奉班陳天錫；次適；次適進士王輪，有聲場屋；次未行。孫男一人曰涇孫。 / 孫女二人：長適高晦；餘幼。其子安中卜以承安三年八月丙寅朔十九日甲申，葬公于縣之移風鄉招賢 / 里郝家莊先塋之側，鄭氏祔焉。未葬之前，其子含泣狀公之行，丐名於樞而言曰：「先君無德而稱之，是誣 / 也；有德而不稱，是不孝也。欲求發明先君鄉里所知之行以傳于後，且以蓋孤弱不孝之惡。」樞忝里閈之 / 舊，聞其言而哀之，義不

得辭，姑叙其梗槩云爾。銘曰：／

晉城源漳，公家舊廬。曾祖而下，奕世業儒。皆有潛德，倦游仕途。公幼穎悟，性識特殊。／祖撫其背，稱賞不虛。閱人多矣，曾未有如。生子若此，必充吾閭。及長力學，博貫群書。／鄉府校藝，甲乙屢居。經術教人，濟濟生徒。薦中巍科，何其多乎！粵有宗族，至甚貧無。／乃質其子，以濟朝晡。公加矜恤，己財代輸。公其事親，其孝無踰。公之居喪，其哀有餘。／鄉曲藹聞，聲名甚都。欲舉孝廉，於朝薦諸。適有明詔，恩牓見收。眾議乃寢，／公志少酬。初任教授，盡誠涇州。二李擢第，皆公之由。為簿端氏，善政可謂。濟以寬猛，／吏民愛畏。郡守李公，與公舊契。委以權廳，會值凶歲。流民餓殍，道路相繼。公與郡守，／得請賑濟。所活之人，不可勝計。上司察知，係清強吏。長葛再簿，下車署事。未及期月，／輿民賴利。遽而捐館，老幼涕泗。公寔宏才，不載高位。命也如何，莫致而至。有子克紹，／家風不墜。護喪以歸，涓吉奠瘞。葬招賢里，祔以鄭氏。勒石昭德，傳之万祀。／

呂忠刊。

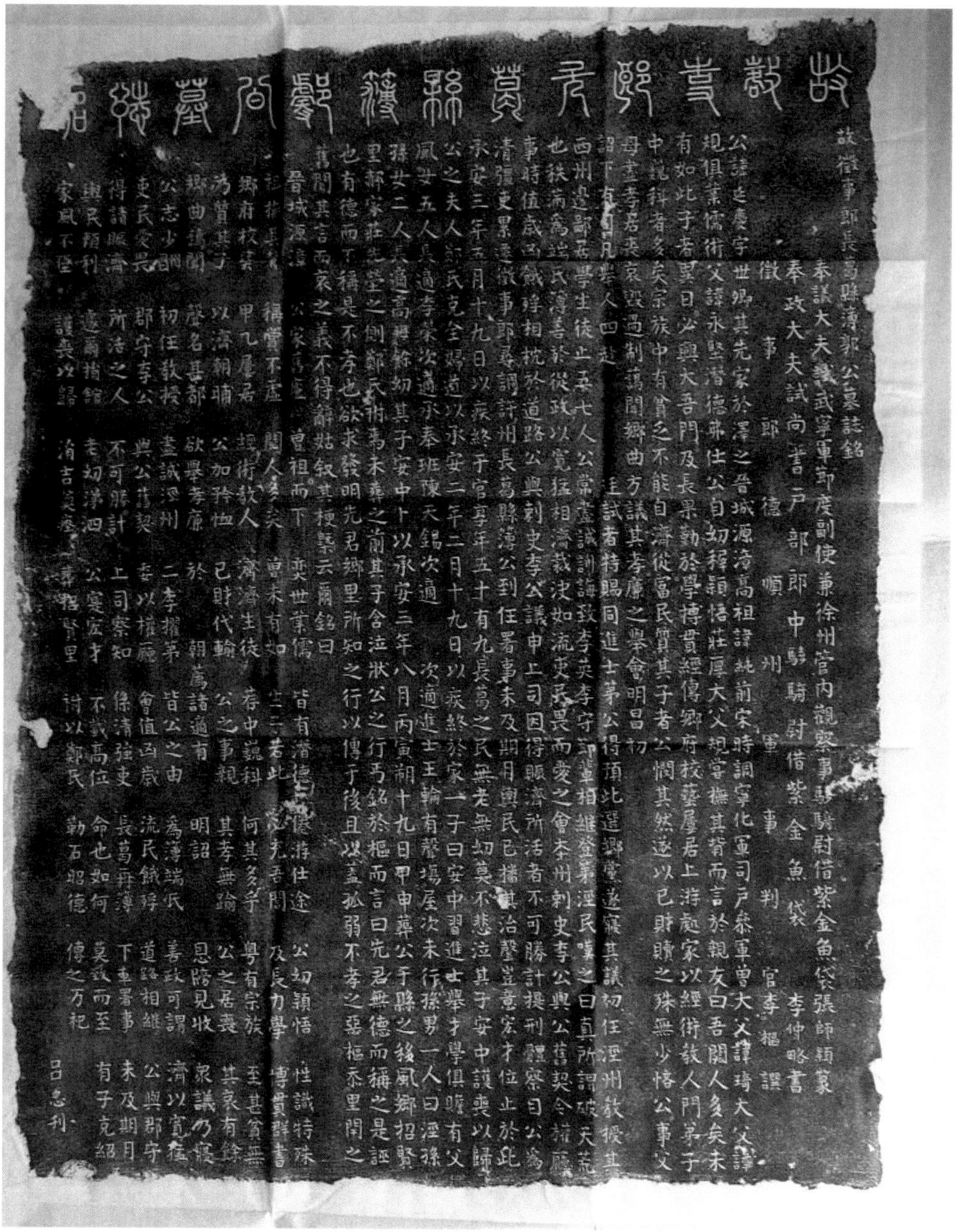

六十八、金崔仙奴墓誌　泰和二年（1202）八月十三日

泰和二年／八月十三日／亡過崔仙奴。

墓誌為長方形灰磚，寬 17.5、高 37、厚 5.5 釐米。

六十九、金李大伯墓誌　泰和三年（1203）五月二十七日

了真宅。／伏維大伯壽誕六十五歲上染／為病魔在身，未可痊安。至／五月二十五日，有弟李四哥為／手與大伯砌墓，同砌人李錢先記。／大伯兄弟三人：三哥、四哥。三子：李一哥、小先生、念三。／大伯三女：一香、／四香、季計。／磚匠人：郝村丁十七兄弟三人。／惟泰和三年五月二十七日，書功。

墓誌為磚刻。

七十、元章氏地券　至元二十年（1283）六月二日

額正書一行：故章氏太君墓

　　維大元國至元二十年歲次癸未六月朔越 / 二日甲申，撫州臨川縣新豐都敬順里上棣保近故 / 亡祖母章氏太君元命。前甲子年九月初五子時生，/ 享年七十者九，不幸於是年五月二十日傾逝。亡者生前 / 妻夫危念乙承事先故。生男二人：長四乙承事，故，/ 不仕；次四二承事，亦先亡。孝新婦吳氏、傅氏。孝男孫：/ 友成、友定、友信、友文、友德。孫媳婦章氏、黃氏、朱氏、/ 黃氏、陳氏。曾孫：寄孫、真孫、月孫。曾女孫：一娘、二娘等 / 孝眷。烏呼！今將銀錢一會，憑地師採得土名陳壙，長 / 蔭陰地安葬。其地丑艮，行龍坐壬向丙，水歸坤申。所 / 葬之地惟願龍神蔭祐，永享久長冨貴。所有陰府 / 地神不許爭占。葬前一日，孝男孫危友成等拜立。

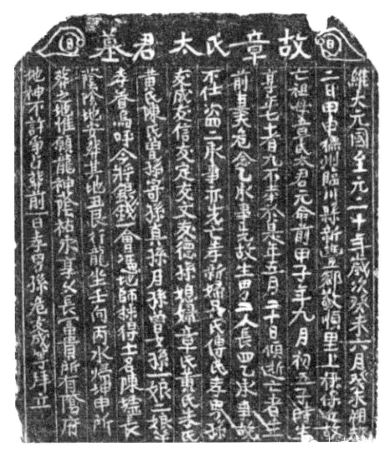

七十一、元文必伸墓記　至元二十二年（1285）八月二日

額正書四行：故文君榮叟之墓記

公姓文，諱必伸，字榮叟。曾祖朝信，祖子，父夢符，世為隆興進賢人。公自 / 童髮方燥，有大器志。醫士萬君成叔喜其才敏，留于膝下，撫育之，訓迪之。 / 及成大，娶以女，又授以家傳箕裘之業。公性天簡淡，待人接物，綽有士君 / 子之風。視脉理詳明，活人存心，未嘗厚取於人。公以術自奇，人亦以此奇。 / 公平生耽扵酒，酣醉則必謳唱自適，脫畧邊幅，雖居市廛而無囂浮氣習。 / 人謂公回生起死之功俱多，後必有報。夫何蒼天不仁，不壽其壽，良可惜 / 哉！公生於寶慶乙酉年十一月，卒於至元癸未五月五日，享年五十有九。 / 子男三人：長友直，娶李；次友諒，娶羅；幼友聞，未娶。孫男四人：齡孫、齡弟、佛 / 生、福生。女三人：長適朱鳳鳴；次適何子靖；幼適李泰來。嗚呼！三年之喪，斯 / 已久矣。諸孤將以乙酉年八月初二日壬申，葬于簡坊之原。其地兊山，來 / 龍坐酉向夘，得吉地也，福在其後嗣云。宗弟伯章拜手謹書。

故文
君榮
叟之
墓記

公姓文諱必伸字宗叟曾祖朝信祖子　父夔行世為龍興進賢人公自

童髮久燦有大器志醫士萬孔成叔喜其才敏留于膝下撫育之訓迪之

及成大聚以女文授公家傳其裘之業公性天簡淡待人接物絕有上君

子之風視脉理詳明活人存忘未嘗取於人公以術自奇人亦以此所

公平生狀於酒酣醉則必譚自適服暮邊帽雖居市廛而無塵浮

人謂公回牛起疴之功俱多後必有報大何舍天不仁不壽其良可惜

哉公生於寶慶乙酉年十一月卒於至元癸未五月五日享壽五十有九

子男三人長安直娶府次女詳軍雞幼安開夫應誅男四人齡孫齡宇

生福生女三人長適宋鳳陽次適何子靖幼適孝泰來鳴呼三年之孝斷

已父姿諸孤將以乙酉天八月初二日壬寅葬于簡坊之原其地兄峽狀

龍生酉局邓得吉地也福在其後嗣

宗矛　伯章　拜于墓

七十二、元岳氏墓誌　至元二十八年（1291）十一月四日

額隸書四行：故袁孺人岳氏墓誌

室氏姓岳，世為南昌市汊鎮人。曾祖諱德，祖諱義，父諱超，俱以武勇取功名，其或中 / 興名將苗裔。父早逝，母王氏挾室氏歸豐城之許。景定辛酉，始昏于余。與之俱適遭 / 多艱，刻苦所事。侍姑章，勤勤理家。余往來江淮數千里，謁貴介門戶，得無後顧之憂，/ 皆室氏功也。甫歸，值新世。餘力勤於外，室氏力儉於內。歲積月累，浸浸成家。然自處 / 謙退不用，素行亦不以翁翁。熟處親黨奴隸間，而家政整然。每是非相規警，始終無 / 間言。余雖不敏，所交皆前世宦學君子。當時名勝與夫物表霞外之士，每有過從，豆 / 觸箱籩之設，惟余所命。乃至山林師聘瞿者請施，媧舊有緩急者請貸，揆與中節。方 / 余新植一居，燕室賓館粗備。若日中膳食，必躬所羞，群工歡然服勞，不日成之。至教 / 其子以義方，帥其婦以內則。次若子壻、內姪輩，朝夕訓飭以詩禮桑麻之事。膝下 / 諸孫，保抱攜持，撫愛如一。稍暇，繙佛老書，收聰明，入宴息。方自幸也。亡何，竟以一疾而 / 逝。嗚呼哀哉！室氏生扵淳祐癸卯閏八月十一日，死於至元辛卯二月十五日，享年 / 四十有九。自室氏歸余，盖三十年，而一子及十歲而夭。初，余亦熊氏子，隨母適袁而 / 冒姓之。余與謀選立熊裔，以主兩宗之祀。遂以折桂鄉烏金崗熊明卿之子為子，命 / 曰嗣宗。娶同郡于霖仲之女為婦，生男孫觀保、女孫閏娘福娘，俱幼。始又養彭氏女，/ 幼在室氏側共患難，遂命為己女。今納唐顯叔次子禮為贅壻，生女外孫闊娘，亦幼。/ 先室氏之生也，有女弟二，適潘者有子名復孫，適丁者有女名庚二娘。俱教育就業 / 成人，今遵遺命昏合成家。將以是年十一月初四日丁酉，奉柩葬于本州水西宣風 / 鄉曲江鎮之市尾。得酉為坐，得卯為向，來山演迤纏護葬所。明堂平夷，汪汪一陂，殆 / 天以是之福吾室氏也。欲勾銘作者，以華諸幽。而葬日已迫，故紀述大槩，內之壙中。/ 山川有靈，鑒臨斯言，尚以昌吾之後人。若節春秋，神其與享之。若夫刻石為券，毋復 / 爾也。嗚呼哀哉！夫袁震記，姻戚熊杰書，里契趙宗淵題盖。

故孺人袁岳氏墓誌

室氏姓岳世為南昌市汉鎮人曾祖諱德祖諱義父諱趙俱歿武事取功之名共或中
興名將苗裔父早逝母王氏挾室余住來江淮之許景定辛酉始適受中
多郡列功也南歸始章世余翁力至幼鞠育累月寒寒介門力寒自遭
皆言逶余不敗亦不值新世翁余官學師聘子黨時名請勝興夫物綠霓者非規戒家之後然終無憂之受
諫言逶余不設以推室身以皆祖備則若日中膳事務糧請施娣舅有歡忍者諫不賢每有過始從無憾
餘箱植義一吾師其婦命以館內勤若佛闇書塌內姪肇朝夕訓鯑江奚詩禮秦麻之事成勝之中
其子抱携與室愛生扵一兵盖以渚敝繻次若子聰明收聽入宴息方元余日辛也咤事而諸教方豆無愆
四十鳴呼哀哉寀其五熊商為三十癸卯生八紀子及十一桁而死扵初金建余二月何之事以適日表而平而諸教
进姓有九良自撰室氏諱五熊遂室乃今納唐顯觀敘俘女孫閨娘為贅婿余建熊明卿子之毋随子以適日表而平
孫子鳴呼哀哉揮室選五熊遂命過為藩者有子名俊孫叔俘通丁酉有女娘名葬婁平本娘汪水教開養育亶宣姶風
日在嗣宗室娶同郡于惠女率二命適己為女今男孫鳴俘延總護迴而翠日己道故紀述大剗為秌母俊狗
幼室氏之氏生側室余選五熊仲一通藩已是平十一月初四日扵酉壽婁墓本娘汪内之瀆中
先室氏之室余婚于惠遂合成家将以是卯為向求山演迿扵翠日己道故紀述大剗石為券毋俊
戒人氏今遵之命長合家得酒為生得卯為向山諸幽而翠日己道之若夫刻石為券毋
鄉曲江鎮之市尾得酒為生得卯爲向山演迿而翠其興畢之若夫刻
山川有靈鑒臨斯言尚以昌吾之後人若節奐趙崇淵題盖
爾也鳴呼泉哉哀裹寃北以昌吾能末書里奐趙崇淵題盖

七十三、元徐氏地券　至元二十九年（1292）正月六日

額正書一行：地券

孺人徐氏，矩山先生之族也。祖諱克己，／父諱宗弘，母甘氏。覺谿楂村，豐城之望。／徐范古世婚姻，以咸淳甲戌歸于我。其／為婦，事上以謹；其於夫，順以柔；其抣家，／寬且得眾。生抣寶祐乙卯，至元辛卯十二月十七日以疾終，得年三十有七。子／三：男則明，娶崇仁吳氏；禄孫，年十一。女／巧娘，甫一周。嗚呼！吾親老而子幼，年壯／而乏助，仰視俯育，將若之何。以壬辰正／月越四日丁酉，葬祔于先妣甘氏夫人／墓右。夫范沆謹勒歲月于石云。

地券

孺人徐氏䄏山先生之族也祖諱克已
父諱宗弘母甘氏覺絲植村豐城之望
徐氏世婚姻以咸淳甲戌歸于我其
為婦事舅以謹其於夫順以柔其於家
壼曰得眾生扑寶祐乙卯至元辛卯十
二月十七旦以疾終得年三十有七子
三男則明娶崇仁吳氏禄孫年十一女
一娘甫一周嗚呼吾親老而子幼年壯
西之助御事俯育將若之何以壬辰正
月越四日丁酉葬祔于先妣甘氏夫人
墓左夫范流謹勒歲月于石云

七十四、元黎四承事地券　至元二十九年（1292）三月十一日

額正書一行：地券

相厥陰陽，卜其宅兆，遇得龍眠／之地，以勝牛臥之崗。用一千之財帛，／買到四止之山林，地名源頭，安葬／黎公四承事。左止西而右止東，前／止南而後止北，各方六十步，永為／億萬年。書契人天冠道士，／保見者堅固仙人。享永無疆／之福，常除不測之憂。故立文券／文，永為照證。／

壬辰至元二十九年三月十一日。／

孝男黎文貝（興）、五四，新婦寥氏、／魏氏，孝孫一俚、二俚、五俚立。

額從右至左書寫，正文從左至右書寫。

七十五、元施千三承事地券　　至元二十九年（1292）閏六月二十六日

額正書一行：地券

故施公千三承事生於癸未年正月十九日午時，卒／於壬辰年六月，享年七十歲。世居臨川長樂澧西／保。娶周氏，生男三人。長前故，孫男伯葦、伯俊、申狗、周／俚。次男日隆，娶傅氏，孫男二人，伯新、辰孫。幼男日廣，／娶胡氏，孫細周。女施氏。泣血孤哀卜其舊居之傍，用／冥錢與五土明王買地一穴，壬山丙向，水遠山環，龍／蟠虎踞。地神護持，萬邪伏傾。春秋祭祀，於神共之。旹／大元至元壬辰閏月朔越丙辰吉日，孝妻周氏、男施／日隆日廣等泣血謹券。

七十六、元王滿壙記　至元三十一年（1294）

額篆書一行：王宣教壙記

王宣教壙記 /

嗚呼！此西昂王文十三宣教墓也。宣教生景定壬 / 戌，長而魁岸，鬚髯如戟，望之儼然。而木訥敦素，渾渾如也。素斷俗緣，而所養者厚。盛暑不扇，極寒必浴， / 若有異於人者。內事生母任之，外事義局主之。日 / 飲亡何，不改其樂。世變以來，一人而已。年三十三 / 卒，以兄之子隆孫為後。卒三月，窆于後壠，去家跬 / 耳。名滿，字時仲。曾祖瑜，祖一夔，父夢升，母鄭。季父 / 清退虞士元紹記，前貢士旰江李碩書諱。

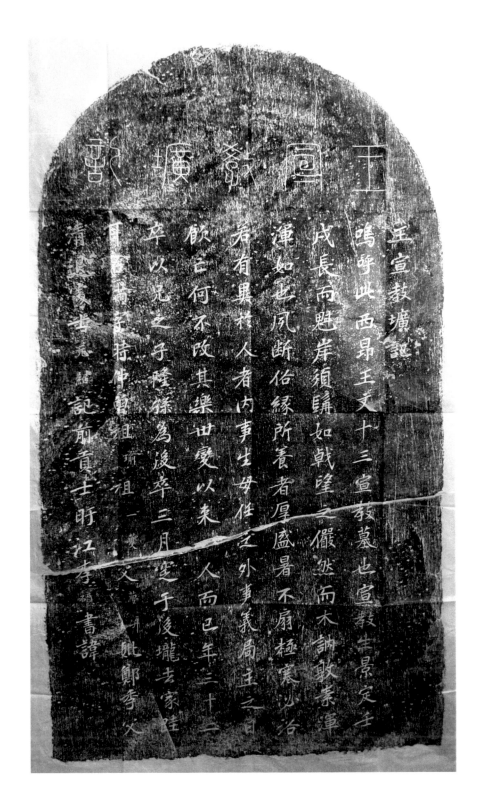

王宣教壙記

嗚呼此西昴王文十三宣教墓也宣教生景定壬
戌長而魁岸碩歸如戟隆之儼然而木訥欵素渾
渾如也風断俗緣所養者厚盛暑不扇極襄沁洽
若有異稜人者内事生母任之外事義屬王之曰
飲巳何不改其樂世愛以来人而巳年三十一
卒以兄之子隆孫為後卒三月葬于後壙吉家陸
□□萳荌持仲曾組瑞祖一娶父□□□毗郎季父
清□襄士元□記前貢士盱江李□書譚

七十七、元周沅地券　元貞元年（1295）十一月二十七日

額正書一行：地券

維大元元貞元年歲次乙未十一月辛未朔，越十二壬午日，江西／撫州崇仁縣禮賢鄉道德里勾藍港西保居孝男吳德彰、德新、／周世昌，孝女癸娘、関娘，孝新婦吳氏妙應、吳氏妙寧，謹以清酌庶／羞之奠，泣血再拜，昭告于／山神曰：「嗚呼噫嘻！我先君周公孟三承事諱沅，生於宋嘉熙戊戌／六月初九日，卒於至元癸巳正月十六，享年五十有六。先妣羅氏／太君諱妙福，生於宋淳祐乙巳八月十九，卒於元貞元年乙未九／月初一日，享年五十有一。茲食墨于宜黃待賢之大能源，為之宅／兆。其地西兌山行龍坐丁向癸，水歸乹亥長流。以元貞元年歲次／乙未十一月弍拾柒丁酉，奉二親靈櫬合葬焉。惟神其呵護之，俾／我先靈之室既固且安，以昌其後嗣。春秋之祀，吾當與／爾神共用之，尚饗！」

孝男吳德彰謹告。

維大元元年歲次乙未十一月辛未朔越十二壬午日江西
撫州崇仁縣礼賢鄉遷德里可監港西保吾考諱兵德彰德諱
周世富壽文發娘闓雄考妣娶兵氏妙應兵氏妙辛謹以清酌庶
羞之奠血事往昭告于
山神曰嗚呼竟崇秋先居周公孟三承事諱沅生於宋嘉熙戊戌
六月初九日癸於至元癸巳正月十六寅年五十有六先妣羅氏
太喜諱妙偏生於宋淳祐乙巳八月十九卒於元貞元年乙未先
月初一日享年五十有一茲食墓丁宜黃得賢之大能禄焉之宅
兆其他而究山行龍坐丁向癸水歸乾亥長流次元貞元年歲次
乙未十一月式拾柒丁酉辛二親靈欑合葬焉惟　神其呵護之俾
救先靈芝堂晼固且安以昌其後嗣春秋之祝吾當與
兩神共孝之尚饗
　　　　孝男吳德彰謹告

七十八、元彭德禮墓誌　元貞二年（1296）九月二十四日

故先君彭公五四承事墓 /

彭為撫著姓，居崇仁禮賢之東華者，實繁以綿，先君其 / 一也。君諱德禮，字祥甫，生扵宋庚寅十一月十九日未 / 時，父四三承事。先君娶吳氏，生男二人：長友龍，娶王氏； / 次継龍，為穎秀朱嶺鄭氏婿。生女二人：三三娘，歸同邑 / 許景仲；次夘娘，歸宜川梅叔翔。孫男三人：吾姑、秦姑、德姑；孫 / 女二人：伸娘、聖娘。先君性樸茂恭信，鄉里稱為長者。謂宜 / 克享高年，夫何竟以咸淳癸亥二月棄諸孤。嗚呼痛哉！是 / 葬于里之橫坑。越三十四年，陰陽家謂是不足妥靈，將 / 不利其子孫。扵是丙申九月二十四日，復遷奉葬于所居 / 之傍，實大元元貞二年也。其地坐癸向丁，視舊阡為勝。 / 前五日，友龍等忍泣書其卒葬大槩，藏諸壙云。 /

孤子友龍、継龍泣血敬書。

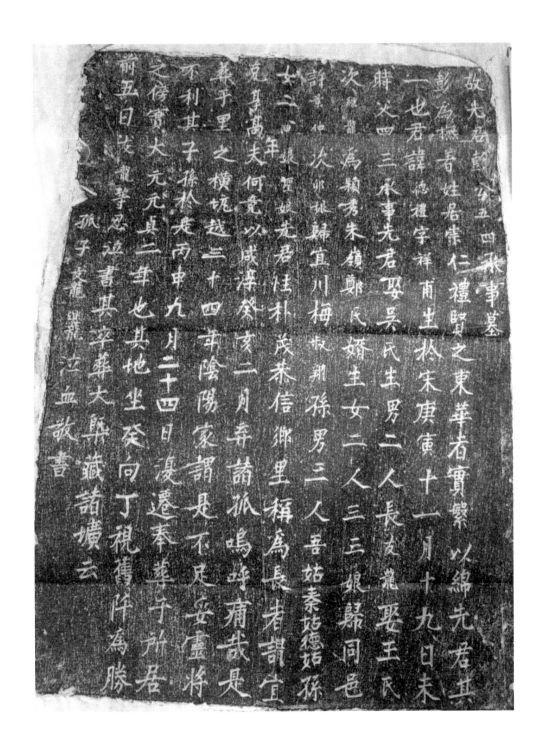

故先君諱公益五十四承事墓

彭為撫吾姓者崇仁禮賢之東華者實鑿以綿先君其

一也君諱德禮字祥甫生扵宋庚寅十一月十九日未

時父四三承事先君娶吳氏生男二人長友龍娶王氏

次頼秀朱鎮鄭氏婿生女二人三三娘歸同邑

許某仲次郎振歸宜川梅敬翔孫男三人吾姑秦姑德姑孫

女三四娘俚娘老君佳朴茂信鄉里稱為長者謂宜

免其高年何竟以咸淳癸亥二月弄諸孤鳴呼甫哉是

葬于里之横坑越三十四年陰陽家謂是不足安靈將

不利其子孫扵是丙申九月二十四日邊奉葬于卅君

之停實大元元貞二年也其地坐癸向丁視舊阡為勝

前五日從龍擎忍逆書其卒葬大舉藏諸壙云

孤子文龍攏泣血敬書

七十九、元凌文秀壙記　大德三年（1299）七月六日

額正書四行：凌公千十承事壙記

先君凌公千十承事諱文秀，祖文禮，父英，世居徽州祈門縣武山鄉尤昌里。／子雲記先君平昔之誨言，謂同母親康氏孺人扵庚申年離鄉井而舡居，歷／涉江河有年。買賣輕重隨其時，然未嘗不遇不幸。康氏孺人卒扵辛卯年十／二月二十五日，敬買山卜地，立雙穴扵信之貴溪縣仙源鄉詹方官塘山。吉／日奉塟，克盡其禮。山近有應聲峰蓮社念佛堂，先君樂施財，助其完。豎乃／津梁，為夫婦身後寄供香火之便，此即善念之所致。復於丁酉年娶劉氏継／母，而後諸事付之子雲。惟杯酒自適，此先君知足之樂也。豈期舡寓番易，一／疾而逝，哀痛奈何。生扵端平乙未年正月初九日巳時，得壽六十三，卒扵丁／酉大德元年閏十二月初三日巳時。有男，子雲。續娶殷氏，子華贅夏氏。有女：／長適番易袁光祖；次女在室；幼女適貴溪汪應元。男孫雷保。女孫婆女、寄女。／謹卜大德三年歲次己亥七月初六甲申日，奉柩會于母親康氏之雙穴，其／地巽山行龍，離山過脉，坐坤申向丑艮。哀哉！奉先親之塟也，不能求銘扵當／世君子，姑書其大槩，納諸壙云。孤子凌子云、子華等忍死泣血再拜手謹記。

壙記藏於江西省鷹潭市博物館。

凌公千十承事壙記

先君凌公千十承事諱文秀身祖文礼父英世居撫州祈門縣武山鄉老昌里

子雲記先君平昔之誨言謂同母親康氏孀人扵庚申年離鄉井而航居歷

涉江河有年買賣輕重隨其時然未嘗不遇不幸康氏孀人卒扵辛卯年十

一月二十五日敬買山卜地立双宂扵信之貴溪縣仙源鄉舊方官塘山吉

日奉塋克盡礼山近有應声峰蓮社念佛堂先君樂施財助其未完豎乃

母而浚諸事付之子雲惟杯湎自適此先君知旦之樂也宣期靭㝢番易一

津梁為夫婦身浚寄供香火之便此之便先君知旦之樂也宣期靭㝢番易一

疾而逝哀痛奈何生扵端平乙未年正月初九日巳時得壽六十三年扵丁

酉大德元年閏十二月初三日巳時有男子雲續娶聂氏草贅夏民有女

長適番易袞光祖次女在室幼女適貴溪汪應元男孫雷保女孫婆女寄女

地巽山行龍禹山過脉坐坤申向丑艮哉奉先親之塋也不能求銘於當

謹卜大德三年歲次巳亥七月初六甲申日奉柩會于母親康氏之双宂其

世君子姑畧其大槩納諸壙云孤子凌子葦等忍死泣血拜鞏手謹記

八十、元劉忠壙記　大德三年（1299）十一月二十五日

故節幹劉公壙記 /

先君諱忠，字君信，姓劉氏，昔道州太守公雲仍也。世居撫之 / 崇仁邑。曾祖廣，祖誵，父琚，母吳氏。先君初娶朱，續娶鄧，三 / 娶趙。子四：長拱辰，朱氏生，早喪；次晉、震，鄧氏生；仲益、午孫，庶 / 生。仲益奉治命，為拱辰後。女三：長祐娘，鄧氏生，適東里吳樞。 / 次茂姑，庶生，適同里吳元坤；回姑，尚幼。拱辰娶五峯許氏。晉 / 娶東里徐氏。震娶西里謝氏。男孫三：仲益、石老、源老。女孫五： / 長英女，適青雲鄉樂以義；次二娘、癸娘、滿姑、住姑。先君生扵 / 宋丁酉三月二十六日辰時，歿扵元丙申十一月十一日酉 / 時。今以大德三年己亥十一月二十五日壬寅，葬于長安鄉 / 大源頭，坎山來龍，坐癸向丁。先君生平賦性耿介，處事公平。 / 其崇篤善功，課誦經典，不以時艱，始終如一。其扵治家訓子， / 待人接物，靡不盡善。正期晚節坐高堂，享甘旨。不幸，而竟以 / 風急一疾不起。嗚呼痛哉！靈丘已闢，歸窆有期。未能乞銘於 / 當世君子，姑畧紀君平昔大槩，敬納諸壙，以識歲月云。孤 / 哀子晉、震、午孫泣血謹記，契末黃紹翁填諱併書。

故鄧幹劉公壙記

先君諱忠字君信姓劉氏苔道州太守公雲仍也世居撫之崇仁邑北曾祖頤祖諤父如母吳氏先君初娶朱氏續娶鄧三婆趙子四長拱辰命為拱辰後朱民生遹東里吳民樞庶生仲益卒治命同里元坤姑尚幼拱辰娶五峯許民晉次發姑庶生遹同里元坤姑佑娘鄧民生遹東里吳民樞庶鑾東里徐民震娶西里謝民男孫三仲益石老源老女孫五袞女遹青雲鄉樂以義欸二娘發娘滿姑往先君生於宋丁酉三月二十六日辰時元丙申十一月十一日酉時今以大德三年己亥十一月二十五日壬寅葬于長安鄉大溪頭坎山來龍坐始如一其於治家訓子以其崇篤善功課調經典不以時疑終始如一其於侍人接物雁不盡善亡期晚歲君終高堂享甘旨不幸而竟以風慈一疾不起鳴呼痛哉靈立已關幕爰有期未餘乞銘於當世君子姑暑紀先君平昔大槩欸納諸壙以識歲月云孤子晉霞午孫泣血謹記　末黃紹蘭填譚併書

八十一、元孫林森之父地券　　大德八年（1304）十月十九日

額正書：地券

大元大德八年歲次甲辰十月己卯朔越十有 / 九日丁酉，孤哀子孫林森奉先考梅谿公靈柩 / 葬于臨川之連珠原。謹瀝酒奉幣，再拜泣告于 / 神曰：維此雞峯，蜿蜒春容。融為斯丘，先人所宮。 / 前嶺神且奇，後崗隘而隆。左顧雙白金，右盼堆 / 青銅。坎山面離，西水朝東。妥亡利存，龜筮叶從。 / 鑱券為盟，古今實同。神之聽之，報祀絜豐。謹券。

額與正文都從左至右書寫。

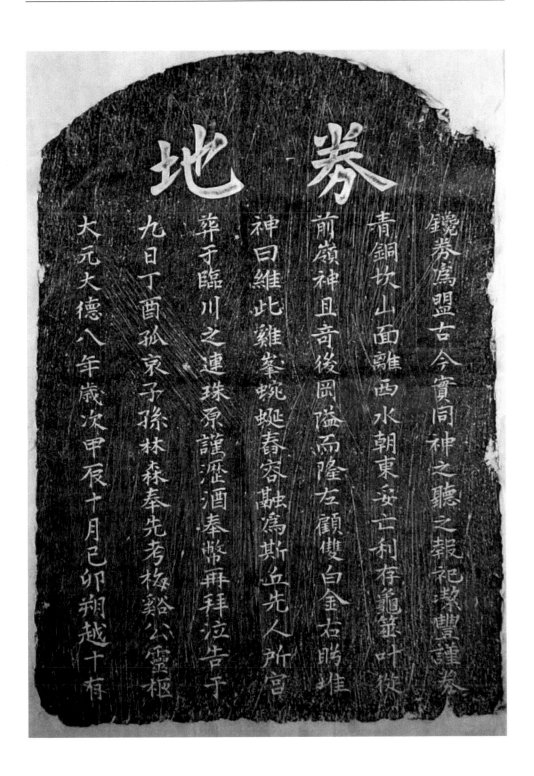

地券

鬻券爲盟古今實同神之聽之報祀潔豐謹券

青銅坎山面離西水朝東妥亡利存龜筮叶從

前嶺神且奇後岡隘而隆左顧雙白金右聘堆

神曰維此雞峯蜿蜒春容融爲斯丘先人所官

莘于臨川之連珠原謹瀝酒奉幣再拜泣告于

九日丁酉孤哀子孫林森奉先考梅谿公靈柩

大元大德八年歲次甲辰十月己卯朔越十有

八十二、元全妙惠壙記　大德九年（1305）十月二十四日

故室全氏二小娘子壙記 /

先室名妙惠，撫城西隅文公坊全公興祖之女也，全 / 公先居臨川稠源，公母乃吾祖姑，公居與吾祖居密邇也。 / 粤於丁酉春侍吾父仲祥，如城過全，祖姑語父 / 曰：「吾有孫女，汝有斯子，繼朱陳之俗可乎。」吾父從其 / 命。是歲冬，以卦出贅焉。在二室，相敬如賓。居五年，不 / 意中道而訣。嗚呼惜哉！生男一人，賤孫。女一人，孝娘。 / 先室生於大元至元十七年庚辰歲六月十有六日 / 酉時，不幸，大德五年辛丑八月二十有八日，年二十 / 二歲死矣。惜哉！越五年乙巳冬十月二十有四丁酉 / 日迎其柩，葬于稠源，坐亥向巳，去全公之墓不遠矣。 / 嗚呼！書不盡言，言不盡意。故不求銘於當世名士，姑 / 記其歲月，納諸壙云。歸窆前一日，夫車卦書。

故室全氏二小娘子壙記

覽姓名，母妙惠撫城西隅文公坊全公與祖之女也全

公先居臨川，稠源公母乃吾祖姑公居與吾祖居寨

通也粵於丁酉春侍吾父作祥如城過全祖姑謁父

曰吾有孫女汝有斯子繼朱陳之俗可乎吾父從生

命是歲冬以卦出贅焉在二室相敬如賓居五年不

意中道而訣嗚呼惜哉在二室相敬如賓居五年不

先室生於大元至元十七年庚辰歲六月十有六日

酉將不幸大德五年辛丑八月二十有八日終于二

三歲矣惜哉越五年丁酉十月二十有四日

亥向巳去全公之墓不遠矣

嗚呼言不盡言言不盡意故祈求銘於當世名士姑

記其歲月納諸壙云歸安前一吕夫車某書

八十三、元游氏地券　至大元年（1308）九月一日

額正書一行：告神券記

維大元大德十二年，後改至大元年，歲次戊申九月丙辰朔有崇仁鄉西隱里荷亭水／西下保孝男元吉、元礼、元智、元信，謹奉亡母游氏靈柩安厝于長安鄉開元里五都楊／河坑。坐辰向戌，是為宅兆。今以券文昭告于此地山神地祇：蓋聞卜其宅兆而安厝之，／乃事親之終也。惟我亡母游氏以太君於前宋嘉熙三年己亥八月初二日辰時受生，／先適豫章之宗，後適上黨之族，九前後適有男四人，有女二人。長男元吉，娶曾氏，有男／孫二人，名王孫、福孫，其曾氏不幸先逝。次男元礼，娶連氏，亦為早逝。三男元智，娶黃氏，／有女孫一人，名辛娘。四男元信，出贅于同鄉里荷亭鄒氏之門諱伯英，娶鄒氏，有孫四人，男孫一人仲益，女孫三人昭瑩、珍惠、寄生。長女妙錦，出適徐門，女夫元安。次女妙京，／出適郭門，女夫應祥。亡母享年六十有九，不幸扵大德十二年丁未十二月二十六／日辭世。乃卜兹兆，歸窆于斯。自今至後，至于沒日，土或坋而頹，水或反其顧。一切不祥，神其正／之。魑魅魍魎不可與友者，神其屏之。碩鼠妖狐，旁穿側出者，神其殛之。使山蟠水繞，氣／聚風藏，亡母游氏淂以安此土，而子孫番衍盛大。則春秋祭祀，爾神其從與享之。謹告。

告神券記

維大元大德十二年没改至大元年歲次戊申九月丙辰朔有棠仁鄉西源里荷葉水

西下保荽男元吉元礼元智元信　謹奉亡母游氏靈柩安厝于長安鄉開元里伍都揚之

河坑生辰向氏是為宅兆今以券文昭告于此亂山神地祇盖聞卜其宅兆而安厝之以

乃畢視之終也推我亡母游氏乙太君於前宋嘉熙三年巳亥八月初二日辰時受生

先適豫章之崇後過上黨之族九蓢後適有男四人有女二人長男元吉要曾氏希男

孫二人名全孫禰孫　其曾氏不幸无逝次男元礼要連氏亦為早逝三男元吉要黃氏

有女孫一人名平娘四男元信出贅于同鄉里荷葉竹郊氏　門辭伯英要郊氏有孫四

人男孫一人仲益女孫三人照堂玲　女孫適徐門女夫元安次女世娘照

出適郭門女夫應祥亡母享年六十有九不幸於大德十二年丁未十二月二十六日

辭世乃卜兹吉归逘于斯自今至于後日土或坊而頹水或炎其顧一切不祥神其正

之魔魅魍魎不可與茨者神其辟之硬巖妖狐旁穿側出者神其殄之使山嬙水繞氣

聚凰藏亡母游氏得以安此土而子孫醫術盆大則春秋祭祀雨神其從埋尊之謹告

八十四、元道士薛以新壙記　皇慶元年（1312）二月七日

額篆書四行：解真提點薛公壙記

先師祖諱以新，字君寶，世居信之仙源大山。蕭公雅敬公清拔，書遺「梅邊」二字以／為號。寶祐癸丑，學道龍虎山正一宮，先師祖西隱王公器之。開慶己未，受禮部牒為道士，／禮先師祖秋澗吳公為師。公高朗研悟，閉門讀書，簡重幽適，屢空晏如也。技俱精進，書法／所謂真草隸篆，無得三昧。至元己卯，公選充本宮掌籍，兼披度局管局，階而升上座都監／宮事。在公九年，職修事舉。天師道教所旌功以勸來者，授真應冲紗法師、撫州路道教／提舉，不赴。顧乃延師訓徒，買田飯眾。擇聖井山幽勝處以觀度人，人皆聞公之風高之。今／天師國公、大宗師特進教檄，加真應冲紗明通法師、聖井山龍泉觀開□□□□／翰林學士元公作記有曰：馳而張之，成而不宰，盖有道君子也，嗚呼！公持循踐履，□□□／而老，始終不貽白雲之羞。師遂等不能步趨萬一，尚忍言哉。生宋嘉熙戊戌九月，化至大／辛亥十一月，壽七十有四。父恭夫。嗣法者余公克彰，次有雪江姚公崇孫，曠逸金／公應蘭，皆先化。師遂大懼不肖，未能乞銘于當世大手筆。率諸徒，且卜明年二月初七／日癸酉，奉遺蛻歸藏于龍泉觀之左，公存日所營菟裘也。序有朱學益、蓬養晦、吳信中、／董仁實、舒惟亨、詹有立、蓬惠迪、吳舍義、蓬致廣、白守玄、朱能定、桂艮成、龔德虛、李華遠、／方從政、李有初、吳省吾、詹知吉、史由直、邵宜康、葉滋榮、汪善慶，道主陳希孫、桂全孫等。／謹叙大槩，納于幽宮。孝師孫道士龔師遂泣拜謹書。／

觀復冲靖靈悟法師、龍虎山大上清正一萬壽宮住持提點、兼管本山諸宮觀事吳以敬填諱。

八十五、元李覺演墓誌　皇慶元年（1312）九月二十八日

額篆書四行：李公勝四居士墓誌

勝四居士諱覺演，仲四居士之子，世居瑤方，實李 / 其姓也。演為人慷慨，賦性溫和。蚤悟幻緣，帰心淨土。初 / 堂待社，念佛持齋，粗不以家業為意。後蓮社厄運而 / 確守不變，修持不忘，不以為慮。又善扵接隣，雖有貴 / 人勝士，莫不交結，而鄉里稱之為善士也。皇慶元 / 年壬子四月十二夜，以疾卒。生扵丁巳十一月廿日 / 酉時，享年五十有五。娶周氏，生子男三人：長曰克祥，／娶盛；次曰克俊，娶周；季曰克瑞，娶官。女一人，適李方。／ 曾孫男三人：周姑、周徇、孝孫。女孫三人：世姑、錄姑、梅 / 姑。以是年九月廿八日庚申，帰葬于常樂里曺家園 / 其父墓塋之右。里人曾良為之銘曰：／

五十有五，夢熟黃粱。佳城鬱鬱，後代其昌。

李公　勝胤　居士　墓誌

勝四居士諱覺演仲四居士之子世居瑤方實李其

姓也演為人慷慨賦性溫和蚤悟絢緣歸心淨土朝

堂結社念佛拜懺粗不以家業為意後運社屯運而

雖守不改俗持不忘不以為應又善於接隣雖有貴

人勝士莫不文結而鄉里咸稱之為善士也皇慶元

年士于四月十二夜以疾卒生於丁巳十一月廿日

酉時享年五十有五娶周氏生子男三人長曰克祥

娶盛次曰克俊娶周李曰克瑞聚官女一人適李方

曾孫男三人周姑周徇孝孫女孫三人世姑錄姑梅

姑以是年九月廿八日庚申婦於于常樂里曹家園

其又墓塋之右里人曾良為之銘曰

五十有五壽愍黄泉催以瘞送代其昌

八十六、元胡妙珍地券　　延祐五年（1318）

額正書一行：故胡氏孝娘地券

大元國江西道龍興路進賢縣歸仁鄉／龔氏子元吉奉父命，將葬其室胡氏妙／珍。或進曰：「葬必買地。」乃命毛穎立券曰：／胡氏生於元貞乙未正月丁卯，世為同里／侯城人。祖嵩，父天富，母舒氏。至大／庚戌，歸為龔氏婦。稟性勤敏，敬戒無違，／四德咸備，人無間言。延祐戊午，徃省其／姑氏于張，以病歸，竟至不壽。卜以歿後／三十三日壬申安厝，謹焚財祝后土神。／買地一區於雙峯之麓，坐申向寅。四山／回顧，東西南北，有截其所。其地與財，各／相交付，青龍朱雀，白虎玄武。左右前後，／同為呵護。亡人居之，永安且固。謹券。／尋山定穴李淳風、郭璞。表見青烏子。

額與正文都從左至右書寫。

故胡氏小娘地券

尋山定宄李淳風郭璞　袁見青烏子

同鴬阿護亡人居之永安且圓謹券

相交付青龍朱雀勾虎玄武左右前後

回顧東西南北有截其所其地與財各

買地一區於雙峯之麓坐申向壹四山

三十三日壬申安厝謹焚財祝后土神

枯氏于張以病歸竟至不壽卜以没後

四德咸備人無間言延祐戊午往省其

庚戌歸爲龔氏婦稟性勤敏敬戒無違

里俟城人祖嵩父天富母舒氏至大

胡氏生於元貞乙未正月丁卯世爲同

珍或進曰葬必買地乃命毛穎立券曰

襲氏于元吉奉父命將葬其室胡氏妙

大元國江西道龍興路進賢縣歸仁鄉

八十七、元楊士龍壙記　至治元年（1321）九月十二日

額篆書四行：楊公李四居士壙記

先父諱士龍，字雲甫，洪西山派也。五世祖僑寓臨川，／樂窑溪之風土，因家焉，三代俱潛德。先父性慈和，／與物無競，鄉稱善人。中遭變故，歷試諸難，刻苦治生。／暮年，婚嫁外家事悉以畀不肖兄弟，潛心釋典，每／旦持誦。里有佛會，則往從焉。常苦痰疾，亦未至甚。七／月五日暮歸，覺體中不佳，亟往就寢。既夕，則增劇矣，／浹日而逝。嗚呼哀哉！生於淳祐己酉八月三十，卒於／至治辛酉七月七日，享年七十有三。娶吳氏。子二人，／國英、國祥。女四人：長適同里黃汝極；次適山塘龍鍾／秀；次適九峰江震亨；幼適撫城蔡天麒，先卒。孫男二／人，世傑、閏生。孫女六人：長適丘；次適謝；餘俱幼。將以／是年九月十二日壬午，奉柩安厝于所居之南，其地／坐癸向丁。嗚呼！吾父止於是乎。葬前五日，不肖孤國／英、國祥泣血謹記。

八十八、元陳景龍壙記　泰定四年（1327）正月十六日

額正書五行：先君陳公龍六居士壙記

先君姓陳，諱景龍，世居撫州金谿縣北陳坊人也。先妣生平稟 / 性柔順，心地平夷，事父母孝，處兄弟和。 / 親朋往來，不倦迎接。和睦族鄰，內外如一。人有紛爭，能以理喻，提綱振紀。一族長幼，和 / 氣藹然。教子教孫，習以義方。晚年始欲投閑佚老，婚娶兒女，事 / 皆畢矣。不幸，先君於泰定三年丙寅冬仲，偶因一疾，醫藥弗瘳。 / 不肖男於隔年入閩，求利弗果，在傍送終。於乎痛哉！先考生于 / 大元至元二十年戊寅五月初十日，享壽四十有九，卒於是年 / 十一月。生男三人：長應太，娶塘下李；次應祥，娶池原周；幼男英孫，尚小。 / 女二人：長適龍泉王天祺；次靜姑，未適。孫男三人：長昭 / 弟，次顏狗、岳孫。茲卜泰定四年丁卯正月十六丙辰，奉柩葬于 / 屋傍，其地坐離（丙）作癸（未）向，水歸亥壬。世乏，不能求銘于達者。聊述 / 其實，納諸壙中，以記其歲月云耳。 /

塋前一日，孝男應太等泣血拜書。

先君

陳公

龍六

居士

壙記

先君姓陳諱景龍世居撫州金谿縣比陳坊人也先玖生平慄
性柔順心地平恵事父母孝處兄弟和親朋往来羽倦迎接和
睦族類内外如一人有紛争能以理喻提綱振紀一族長幼和
氣藹然如坐春風款子欵孫習以義方悅年始欲投閑俟老婚娶兒女事
不肖男於隆年入閩來科南先君於泰定三年丙寅冬仲偶因一疾醫藥弗瘳
皆學参南先君於泰定三年丙寅冬仲偶因一疾醫藥弗瘳
大元至元二十年戊寅五月初十日享壽四十有九卒於是年先考生于
十一月生男三人長應太要塘下李炎應娶池原周幼男英
弟次顔狗岳孫孫卜泰定四年丁卯正月十六丙辰奉柩葬于
孫尚小女二人長道龍泉王天祺次静姑来通孫男正火長昭
娶陸狗其地坐喬倚祭向水歸亥壬世之不能求銘于達者聊述
其梗槩内諸壙中以記其歲月云年
壙前一日孝男應太等泣血拜書

八十九、元李夘章壙記　元統二年（1334）四月十六日

額隸書一行：壙記

故章軒李公壙記 /

公諱夘章，姓李氏，章軒其號也。世居撫州臨川城東之廣東鄉，族大以蕃，咸隱德。公生于前戊 / 辰年九月初九日丑時，妾楊氏，歸于公。賦性慈仁，夘而穎異，讀書種文。處宗族以和，待鄉黨 / 以睦，與朋友以信，撫臧獲以嚴。不為崖岸斬絕之行。奉道法，讀佛書。親賓造門，春風 / 樽俎，談咲竟日，歡如也。有女維則，舘施應謙為贅壻，甥女未娘。歲在丁卯，予壻復歸 / 于源溪。夫婦泫然相謂曰：「其無後乎！」遂託其壻以終餘年。居無何，而淂痰疾，伏枕僅十 / 日。參术不能奏其功，神示無以應其禱。奄乎棄世，時 / 元統甲戌四月十六日也。嗚呼痛哉！享年六十有七。卜以是年十月初七丁酉日，奉 / 柩窆于長樂之松坑嶺，擬為他日合葬之所。嗚呼！生則同室，死則同穴，從吉卜也。 / 坐子向午，青龍驤左，白虎踞右，前翔朱雀，後擁玄武。水遶山環，風藏氣聚。亾靈 / 妥安，生者受祐。春秋祭祀，尔神亦與。妾不能丐銘于當代顯達大筆，姑摭生年死月， / 勒石納幽，以紀不朽云。 /

將仕郎、撫州路臨川縣丞利鑾孫填諱并書。

九十、元史氏墓誌　元統三年（1335）五月十五日

　　武德將軍、鎮守平江十字路萬戶、贈明威將軍、上騎都尉、／追封太原郡伯郝公妻史氏，丞相、鎮陽王之孫女。至元十／六年三月初八日，適陳州郝氏，因夫致贈太原郡君。大元／中統三年六月初二日生，先公逝二十八年，實大德五年／三月三日也。元統三年五月十五日，祔葬于宛丘縣明化／鄉東溫村祖塋。子男三人：長曰天祐，次曰天澤，俱早世；次／曰天麟，襲父職，授武略將軍，鎮守平江萬戶，餘如故。妻娶／王尚書孫女王氏，宣封太原郡君。女三人：長名全哥，適同／郡奉直大夫、海北廣東道廉訪司經歷張理。次名勝哥，適／奉訓大夫、常熟江陰所海道千戶師閔安達兒；次名安／哥，適奉御何中立。世官男天麟長女一人，名鸞哥。子一人，／名金□。

武德將軍頓守平江十□□□萬戶贈明威將軍上騎都尉

追封太原郡伯都公美史氏□丞□鎮陽王之孫女至元十

□年□月初八日通陳州都□因夫致贈太原郡君大德□年

中統三年六月□□□□公逝二十八年大德化□年

三月□□元統三年五月十□□曰□

鄉東溫村祖□生子□三人長曰天祐次□□

曰天感□□授武略將軍太□郡君□女□江□長曰廉□如

□尚書孫女王氏□封東道廉訪□司總□張迪波□□名尚

奉訓大夫□常□江陰□海道□訪□□□□安達見□□□

□世適大夫□□常□中立世適□□□長女□□□名鸞哥□

名金□□鄉□□中立世適□□□□人

九十一、元慧德墓誌　後至元二年（1336）九月四日

額隸書三行：德禪師墓誌銘

雲瑿宏教大師墓誌銘 /

師族臨川吳氏，號慧德，宋浮梁宰陵裔孫也。生宋景乇癸亥九月。 / 出家元至元庚辰，禮龍山寺智益為師。受信具後五年，受甘露壇 / 戒。又四年，舉郡廣壽禪寺都事。為浮屠五十六年，壽七十有三，後 / 至元改元乙亥閏十二月十四終于寺。弟子深渭先卒。徒孫如軫、 / 曾孫海隋、玄孫圓玅早卒。師為人質篤而不滯，行周而有守。 / 龐合猥附，而高不夷；動適默歸，而深莫究。在寂恒用，在施恒得。道 / 場聲儀容矩，譯梵有足法尚。寺自絕壁師化去，師在推擇居首。捐 / 衣棄食，構華嚴閣，售四大部佛書，施田增食。畀經典萃明，像法益 / 廣，僧供常設。且丕勤誘掖，以援于下，俾教成寺區。師所以豐左其 / 道勤矣哉！余嘗嘉師之勤，記諸寺。會其終之明年九月初四，其徒 / 葬之。小隱原海為余言，請為誌銘。銘曰： /

浮屠之修，出世在丗。事無非真，真無非事。孰與師慧， / 佛閣峩峩，經度奕奕。我居無飾，我道無得。孰與師德， / 度門有承，儀教無盡。表茲竁穴。余文是信，茲石勿磷。 /

里人饒宗魯撰并書。

德禪師墓誌銘

雲聲家教大師墓誌銘

師族臨川吳氏諱慧德宗浮梁寶陵喬孫也生宋景定癸亥九月

出家元至元庚辰禮龍山寺智益為師受信具後五年受甘露壇

戒又四年舉郡廣壽禪寺都事為浮屠五十六丰壽七十有三後

至元改元乙亥閏十二月十四終于寺第子環渭先卒深海徒孫

如輪復附而高不爽勤遊默歸而深荒芜在屏恒用在施恒得道

厄合祝附而高不爽勤遊默歸而深師化去師在舛擇居肯捐

場譽擇葦嚴閴售四太部佛書施田增食昇經典舉明像法佐其

廣僧供常設且不勤訪振以攬于丁俾教成寺區師所以豐佐其

道矣裁余嘗嘉師之勤記寺會其終之明年九月初四其徒

塋之小隱原海為余言請為誌銘曰

浮屠之修　出世在世　事無非真　真無非事　執與師慧

佛閣栽嵋　經度喪喪　栽居無飾　我道泯得　執與師德

慶門有承　儀教無盡　未嘗寬心　余又是信　茲石勿礦

里人饒宗潞撰并書 [印]

九十二、元黎氏壙記　後至元三年（1337）十二月十八日

額正書四行：先妣黎氏孺人壙記

先妣黎氏孺人壙記 /

先妣姓黎，世居南城太平鄉之白土橋，家世從來不可攷。生于景㝎癸亥八 / 月二十五日午時，幻失怗，鞠養于外祖汪公萬八居士家。年甫十四，歸我先 / 人。暨後母汪氏再適于董公淡境居士，而吾母徃依焉。二老生事死葬，皆吾 / 母力也。性溫柔，寡語言，間靖慈祥。事舅姑盡孝，待娣姒以和。克勤克儉，相我 / 先父，而家道益昌。不幸，吾父先十七年卒。吾母撫育諸孤，恩愛無偏，事雖有 / 忤，無慍怒意。生平少疾，晚歲耳聰目明。至元丁丑花晨，忽膺疾，巫藥交攻，竟 / 不可起。至二十一壬辰，乃正寝而逝。嗚呼痛哉！享年七十有五。子男三：棣孫、 / 日新、悤新。新婦唐氏、張氏。女日姑，適同里張元輔。孫男賤子、驢孫、益生。孫娵 / 吳氏。孫女靖娘，適樓撫袁；清娘，適大徐王；幻娘、璧娘，俱幻。嗚呼！吾父死，惟母 / 是依。今吾母亡，諸孤其何以堪。興言及此，痛裂肝腸。嗚呼痛哉！拘扵時，弗即 / 葬。兹叺是年臈月甲申，祔葬于本里祖隴之右，坐亥向巳，水歸卯乙。不欲求 / 銘于當世士大夫，謹書死生大槩，而納諸幽云。 /

葬前一日，孤哀子汪棣孫、日新、悤新泣血百拜書。

先妣黎氏孺人壙記

先妣姓黎世居南城大井橋家世〔⋯⋯〕

月二十五日午時卯〔⋯⋯〕

人暨後母汪氏〔⋯⋯〕

母力也性溫柔〔⋯⋯〕

先父而家道益昌〔⋯⋯〕

忤無慍怒苟〔⋯⋯〕

不可越至二十〔⋯⋯〕

日新惠新嫠〔⋯⋯〕

吳氏孫女請家〔⋯⋯〕

是依今吾母〔⋯⋯〕

葵茲以晟芳腸〔⋯⋯〕

銘手當世士大夫〔⋯⋯〕孤哀子汪棟孫曰新惠新〔⋯⋯〕百拜書

九十三、元徐士珪壙記　後至元四年（1338）正月七日

先考槐隱先生徐公壙記 /

公諱徐氏，諱士珪，字粹夫，世居臨川新豐鄉之下祿。壯年業儒，教授生徒。厥後，/ 以道法行于江湖，祈禱輒應，蒙其力而生者甚多。學徒數百，傳于家者惟孫日新、/ 仁己二人。凡得其術而顯者，不一而足，翕然尊之為一代宗師，識者以為法 / 中之靈降世焉。公為人樂易平直，坦率不立涯岸。先妣吳氏先三十年卒。男三 / 人：長以工；次伯正；幼守正，先亡。女一人，巧娘，適本鄉陳氏。庶母上官氏。男三人：/ 長彪生、次鄧保、幼伴保。女二人：長閏娘，適本鄉譚恭生；次上娘。孫男六人：德善、/ 元德、日新、真保、轉孫，仁己出家為道士。孫女三人：瑞娘、良娘、住娘。曾孫男：志孫、/ 黑狗。先考生於前宋己酉年閏二月二十八日，享年八十有八，卒於至元三年 / 丁丑正月二十三日。以次年正月壬寅葬于長安鄉之石塘，其地坐亥向巳。未 / 暇丐銘于當世大手筆，姑述卒葬歲月，納諸幽云。旹葬前三日，孤哀子徐以正 / 泣血書。眷末張善填諱。

九十四、元熊氏壙記　至正元年（1341）九月八日

額正書四行：先妣熊氏孺人壙記

　　亡母世居古洪，魏亭池市人也，生於戊辰年二月初九 / 日未時。前至元丁亥歸我先君，治家勤儉，絲枲桑 / 麻，了子平之債。方願夫婦諧老，豈謂先君先廿八年 / 而歿。太君撫育諸孤，延師訓子，婚聘女男。各有肯堂 / 之構，居家而肥。亡母正享游裕，天不遐齡，於後至元 / 庚辰五月初四日而逝。嗚呼痛哉！子男五人：竟真、竟 / 道、必華、竟善、必㚯。婦羅氏、黃氏、賴氏、陳氏、周氏。女一 / 人，適樂。孫男五人：自成、志成、德成、有成、舍孫。孫婦羅 / 氏、董氏、錢氏。孫女十一人：長適饒；次適李；幼適饒；適 / 羅；適李；未笄周姑、巧姑、玉姑、辰姑、閏姑、孝姑；延女孫 / 粉姑。卜辛巳九月初八日壬午，奉柩葬于西坑。坐丁向 / 癸，卜云其吉而厝之。不肖孤不能匄銘于名筆，姑 / 記歲月而納諸幽云。孤哀子董竟真泣血拜書。

先姚熊氏孺人壙記

云母世是古洪巍高池市人也生於戊辰年一月初九日未時前至元丁亥歸我先君治家勤儉孫彔桑之檜居家而肥云母正享游裕天不避齡於後至元堂而歿太君抱育諸孤延師訓子婚聘女男各有方麻子平之債方顧夫婦諧老豈謂先君庚辰五月初四日而逝嗚呼痛哉子男五人竟真竟道必單竟善必吴與婦羅氏黃氏賴氏陳氏周氏女一人適樂單孫易五人自成志成德次適李幼適饒羅氏重氏錢氏姑孫女十一人長竟饒次適李幼適饒羅姑適李未箕周姑巧姑玉姑辰姑闞姑春姑延女孫粉姑卜云辛巳九月初八壬午奉柩轝于西坑坐丁向癸卜云其吉而安厝之不肖孤不能勾銘于名筆姑記歲月而納諸壙云孤哀子董竟真泣血拜書

九十五、元梁士通壙誌　至正二年（1342）三月三日

大元故梁隱君永之壙誌銘 /

隱君諱士通，字永之，其先河南人。曩從事行伍間，當至元混一初，/
即不樂仕，隱于商。游淮之寶應，因縣東隅里地舊產瑞芝，喜曰：「是 / 可
居。」遂買田宅居焉。家饒貲蓄，用甚儉，事事則謹飭循禮法，鄉邦 / 稱之。
春秋八十五，生中統庚申歲七月二日，終至正甲申歲正月 / 八日。終之奉十
又一月四日庚寅，葬于縣北三里運河西之新買 / 莊。妻氏姓孫，以至正二奉
三月三日終，享年七十有三，至元前庚 / 午正月廿四日其生時也。今合葬。
子三人：宏，高郵寧國萬戶府提 / 控案牘，早世；伯顏，以內臺宣使授浙東
海右道廉訪司照磨，官將 / 仕郎；淵，太尉府宣使。孫四人，皆讀書學禮。
嗚呼！今之制，凡治葬必 / 刻誌石，載其事，納諸壙，以示久也。銘曰： /

德充于身譽于鄉，澤之深，流之長，子孫世世其永昌。

大元故梁隱君永之壙誌銘

隱君諱士通字永之其先河南人盖後事行伍間當至元混一初

即下縣仕隱于商遊淮之寶應田縣東隅里也福産瑞芝島日是

可為遂實田宅居烏家俯貲蓄用其儉嗇之則禮節儉循遵法柳社

稱之春秋八十五生中統庚申歲七月二日終至正甲申歲正月

八日終之年十又一月四日庚寅癸于縣北三里運河西之新買

塋髮氏姓孫以至正二本二月三日終其年七十有三到元前庚

十正月廿四日其生時也今合葬于三人宏高郵寧國島户府煦

陸榮順早世伯頴以內臺官使使淅東海右道廉訪司照磨居將

仕師朔大尉嘗蕭言舉禮鳴呼令之削凡治衰心

淅慈石畝其事絪諳鐮以示久也郵日

德先于身譽于卿澤之流之長子孫世二其永昌

九十六、元李妙慶壙記　至正二年（1342）十月八日

額正書三行：先妣李氏壙記

先妣姓李，諱妙慶，世居撫州臨川安寧東岡人也。及長，帰 / 于我先君。妣性柔愻，勤紡織。事公姑孝，待隣族和。扵是 / 祖業獲完，屋廬鼎創，凡事不後它人。晚年，遂持齋念佛， / 究其所帰。先君沒，諸子奉菽水者三十 / 餘年。奈何 / 天不憖遺，倏以微疾不起。嗚呼痛哉！實至正壬午年十月初 / 一日也。生扵宋景定辛酉年六月初三日，享春秋八十 / 有二。有男三人：孟思義，娶周氏；仲思呉，娶李氏；季思敬，入贅鑛 / 坑官，早卋。有女適寧，亦早亡。孫男八人：宗富，未冠；宗貴，娶萬； / 宗達，娶萬；宗白、宗呉、宗㬎、賤生、丑生，未及冠。孫女七人：一適艾；二適艾； / 三二妹；四適危；五適李；足姑、賤妹，未及笄。曾孫回生、回弟。將以本年 / 十月丙午良日，奉柩葬于屋後右傍，坐艮向坤，其地水 / 遶山環，是宜吾母安厝焉。孤子侍喪慌迷，不能求當卋 / 名筆，聊述生死歲月，納諸壙云。孤哀子李思義泣血謹書。

先妣李氏壙記

先妣姓李諱妙慶世居撫州路安寧東岡人也及長歸

于我先君姚性柔惋勤紡織事公姑孝待陸族和於是

祖業覆完屋廬鼎創凡事不後已人晚筆遂持齋念佛

寵其所帰先君沒諸子奉菽水奢三十余年奈何天不

慈遺俊以微疾不起嗚呼痛哉寔至正壬午年十月初

一日也生於宋景定辛酉年六月初三日享春秋八十

有二有男三人孟思義娶周氏仲恩奕娶李氏季恩致入贅娶萬

坑官早世有女適審亦早亡孫男八人宗需来冠需婺

宗連娶萬壽白宗量隲生丑未及冠孫女七人一適關二適

三三妹四適危五適李及壻暌未及笄魯孫四

十月丙午艮日奉柩葬于屋後右傍坐則向坤其地水

遠山環是宜吾母安厝焉孫子侍喪荒迷不能求於世

峯聊述生死歲月納諸壙云祧哀子李思義泣血謹書

九十七、元宋叔彬壙記　至正六年（1346）十二月二十九日

額篆書四行：先考宋公竹軒壙記

先考姓宋，字叔彬，竹軒其自號也。元江東人氏，世居撫臨川 / 之胡坊。娶同邑王氏，曾祖巽之，祖柔夫，父剛中。考勤儉起家， / 樸實處己。待親朋以睦，與鄰曲以和，上下咸稱善人。扵辛亥 / 年以舊廬湫隘。挈家卜居里之樟原。芟除荊棘，美室美完，延 / 師教子了婚娶，生理頗裕。方擬優游自處，胡何扵乙酉冬得 / 疾，禱藥不效，竟成大故。嗚呼痛哉！生扵至元庚辰十二月初 / 三日，卒扵丙戌四月廿九日，享年六十有七。男五人：長復先， / 娶劉；次德先，娶黃；德壽，娶楊；仁壽，娶左；幼大生，未婚。女一，適 / 同邑趙堯章。孫男八人：佛、騏、驥、鸞、善、虎、祖、宗。孫女三人：普、壽、 / 珍。以是年十二月春壬寅日，奉柩葬于里之大墩，坐酉向夘， / 去家起尺，山水環秀，從治命也。諸孤不能乞銘扵當代名筆， / 勒此納幽，以記歲月云。孝男宋復先泣血拜書。

先考宋公仲軒壙記

先考姓宋字叔彬槑竹軒其自韡也元江東人氏世居撫臨川
之胡坊娶同邑王氏曾祖㮮夫父剛中考勤儉起家
朴實家已待親朋以睦與鄰曲以和上下咸稱善入於華亥
年以囬盧澌隘肆家卜居里之樟原芟除荆棘美室美完延
師教子了婚娶生理頴裕方擬優游自豪胡何於乙酉冬得
疾禱藥不效竟成大故嗚呼痛哉生於至元興辰十一肖初
三日卒代丙戌四月廿九日享年六十有七男五人長先尤
娶劉火德先娶黃德壽娶楊仁壽娶左幼大生未婚女一適
同邑趙先章孫男八人佛䚒䚒善甫祖宗孫女三人曾壽
柽以是年十二月春壬寅日奉順葬千里之大撰坐甸
六家起之山水環秀洪洽俞也普从不能記銘峩富峨
勒此幽幽以記歲月耳

九十八、元程氏地券　至正十一年（1351）十二月九日

額正書一行：地券

維大元至正十一年太歲辛卯十二月丙子朔越九日甲／申，崇仁縣北里舘前廟上保耆服夫黃靖孫、哀男黃／應承、重服孫福孫、孝新婦羅氏、吳氏、孝女應娘適汪／目寧、孝孫聖祐、玄真、泰生、吉慶、女孫惠娘、細奴、觀娘、／羙娘、益娘，謹昭告于長安鄉會昌里三山吳源坑保／地靈曰：吾室存日程氏靖一孺人元命，丙戌年正月／初八日辰時生，沒扵庚寅季五月廿二日巳時。爰卜／今辰謹奉柩歸窆于茲，其地坐未向丑。維山蒼蒼，維／水詳詳。山廻水繞，厺聚風藏。厥卦之固，越靈之康。惟／爾有神，呵除不祥。春秋祭祀，子孫永昌。有此石，謹告。

地券

維
大元至正十一年太歲辛卯十二月丙子朔越九日甲
申崇仁縣北里館前廟上保暮服夫黃靖孫京澳黃
應承重服孫福孫孝薪婦羅氏吳氏孝女應娘適汪
呂寧孝孫聖佑玄真泰生吉慶女孫惠娘細奴覷娘
美娘盍娘謹昭告于長安卿會昌里三山吳源坑保
九靈曰吾室存日程氏靖一孺人元命丙戌年正月
初八日辰時生浸於庚寅季五月廿二日巳時奄卜
今辰謹奉柩歸窆于茲其地坐未向丑維山蒼蒼維
水詳詳山廻水遠焱聚風藏厥封之固越靈之康維
爾有神阿除不祥春秋祭祀子孫永昌有此石謹告

九十九、元盛氏墓誌　　至正十五年（1355）十二月二十一日

額正書一行：故徐母盛氏孺人墓誌

　　故徐母盛氏生扵前甲子正月廿八日酉 / 時，以疾沒于癸巳年十月廿一日，享年九 / 十有一。既殯，因世亂，三年不克葬，而子孫 / 哀之。今其子仲祥者求予銘，是其死不朽。 / 予曰：為婦之生有淑行，而沒以為銘，使鬼 / 神知之，其不泯于地下者，亦人子之情也。 / 然人之富壽有命，操守夫貞節者為難。今 / 盛氏孺人也事姑孝，其相夫也順而敬，其 / 律身也貞而慈。夫叔和早世，能以勤儉自 / 處。教養子孫，和睦親族，周窮恤匱，布施僧 / 道。凡一言一行，靡有不善。是其生也榮，故 / 其死也哀。今卜地葬于吁城北九都丁山 / 塘廣之八十原，以乙未歲臘月廿一日壬 / 申窆于壙。子三人：適関生、竒生，螟茂生。孫 / 五人。予特嘉其懿，是為銘： /

　　徐母盛氏，淑行純俶。夙喪其良， / 謹守婦志。克勤克儉，克順克比。 / 教子以慈，睦族以義。貞節耆壽， / 終無尤悔。嗚呼為銘，光于下世。 /

　　至正乙未歲十二月壬申日立。

百、元吳显卿壙記　至正十五年（1355）十二月二十五日

額正書一行：明故吳公處士壙記

吳公字显卿，父景祐，母張氏，居禮谿冷水／源，生公於至大三年庚戌正月十一日午／時。娶圭田雷氏，生男元壽，娶莽塘李氏。吳／公性行樸實，不尚浮美，父母早世，操持歷／涉，家業增隆。惜乎不壽，亨春秋四十有六，／歿於至正十五年乙未十二月初三日。孤哀／子元壽、孝媳李氏泣血刻銘，卜擇兆，本／月二十五日寅時，奉柩居葬扵屋廐北培。／坐子向午，兼巳三分。人湏既歿，名實不朽。／旹維至正乙未臘月穀旦立。／姻末雷耀輝撰。

參考文獻

1. 郭茂育、劉繼保編著：《宋代墓誌輯釋》，中州古籍出版社，2016 年。

2. 紹興市檔案局（館）、會稽金石博物館編：《宋代墓誌》，西泠印社出版社，2018 年。

3. 何新所編著：《新出宋代墓誌碑刻輯錄》（北宋卷），文物出版社，2019 年。